Gisela Schreiber

Lexikon der Heilsteine

Die Energie der Mineralien nutzen,
um körperliche und seelische Blockaden zu lösen

südwest

Geheimnisvolle Kraft der Mineralien

Inhalt

Heilkraft aus der Natur: Seit Tausenden von Jahren speichern Steine Energie.

Schön und heilkräftig:
Sarder, Serpentin,
Spinell, Falkenauge,
Chrysokoll, Boji-
Steine, Andalusit,
Amazonit und
Chalcedon (von links
oben nach rechts un-
ten). Die Vielfalt ihres
Aussehens spiegelt die
Universalität ihrer
Heilwirkungen.

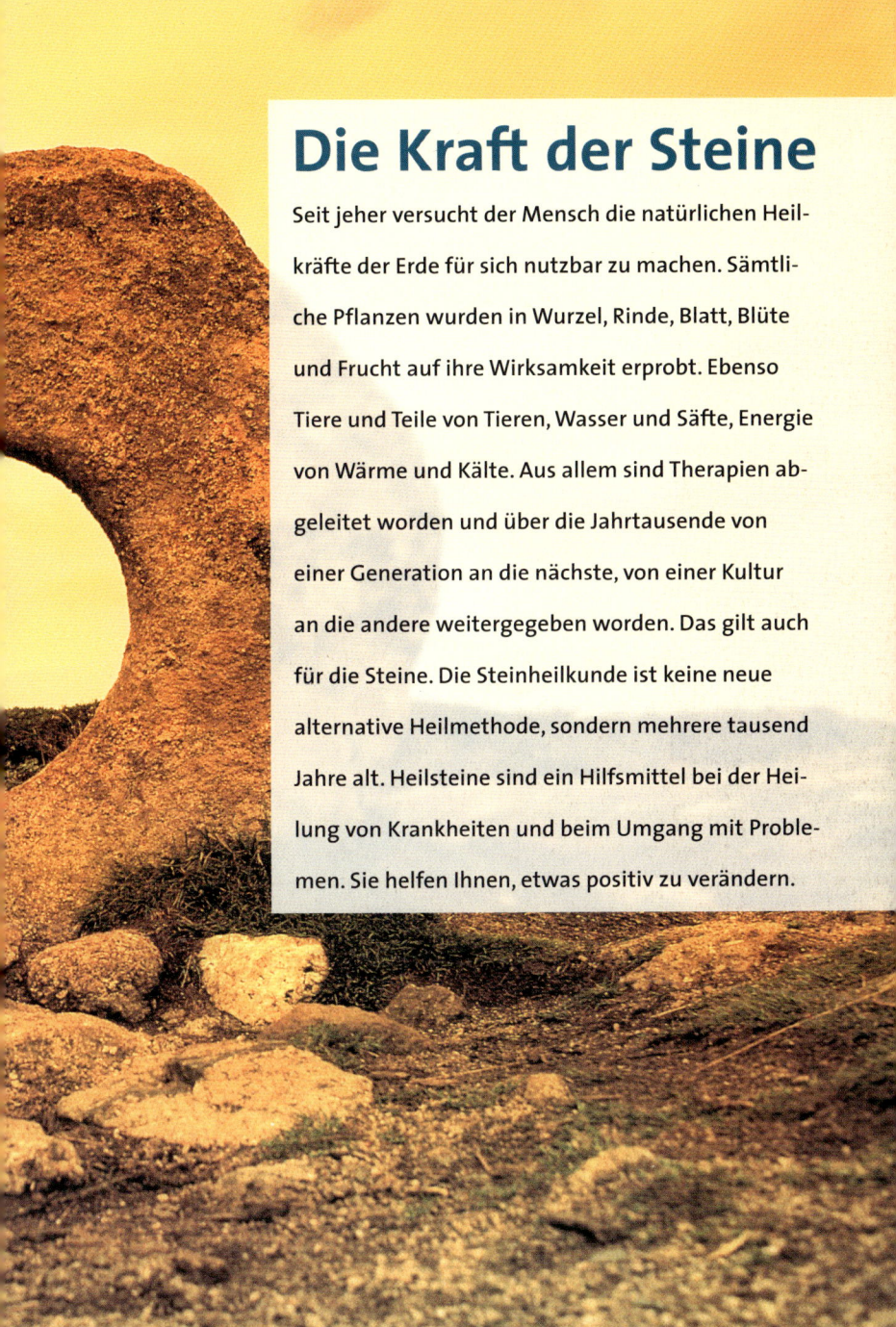

Die Kraft der Steine

Seit jeher versucht der Mensch die natürlichen Heilkräfte der Erde für sich nutzbar zu machen. Sämtliche Pflanzen wurden in Wurzel, Rinde, Blatt, Blüte
und Frucht auf ihre Wirksamkeit erprobt. Ebenso
Tiere und Teile von Tieren, Wasser und Säfte, Energie
von Wärme und Kälte. Aus allem sind Therapien abgeleitet worden und über die Jahrtausende von
einer Generation an die nächste, von einer Kultur
an die andere weitergegeben worden. Das gilt auch
für die Steine. Die Steinheilkunde ist keine neue
alternative Heilmethode, sondern mehrere tausend
Jahre alt. Heilsteine sind ein Hilfsmittel bei der Heilung von Krankheiten und beim Umgang mit Problemen. Sie helfen Ihnen, etwas positiv zu verändern.

Geheimnisvolle Heilkunst

Plötzlich sind sie überall zu sehen, werden von jedem getragen: Glücksarmbänder und Ketten aus Schmucksteinen. Und mancher mag das zunächst nur als einen Modetrend verstanden haben, der wie so viele schnell wieder von einem anderen abgelöst wird. Doch das Gegenteil ist eingetreten. Ob Buddha-Armbänder, Kristalllichter oder Sternzeichenketten – die geheimnisvollen Steine haben mittlerweile einen festen Platz in unserem Alltag eingenommen. Auch, weil viele ihrer Träger längst am eigenen Leib die magische Kraft spüren, die von diesen Mineralien ausgeht.

Überzeugender Erfolg

Mittlerweile sind viele Kritiker, in deren rationaler Weltanschauung für schwer erklärliche Phänomene kein Raum ist, von ihrer negativen Einstellung abgerückt. Zumal alternative Therapie- und Heilmethoden oft auf unerklärliche Weise gerade dort Erfolge erzielen, wo die klassische Schulmedizin versagt. Und niemand kann behaupten, dass es sich auch bei diesem alternativen Heilverfahren um einen Modetrend handelt, denn die Therapien haben ihren Ursprung in alten Überlieferungen und Praktiken, die erst mit dem Glauben an den modernen Fortschritt in Vergessenheit geraten sind. Kraft und Magie der Steine – der Glaube daran und die Hoffnung darauf ist seit Jahrtausenden mit der Menschheitsgeschichte eng verbunden. Es wird kein Zufall sein, dass Steine immer wieder die Brücke zum Mythischen gebildet haben – ob es von Steinen umstellte Ritualplätze wie Carnac in Nordfrankreich oder Stonehenge in Südengland sind, oder in Stein geritzte mystische Zeichen, ob es sich um Steine als Grabbeigaben handelt oder um die ungeheuren Steinmassen, die die Pharaonen für die Ewigkeit des Todes haben auftürmen lassen.

Kaum jemand in unserer kritischen Zeit wird sich ausschließlich auf eine Steintherapie verlassen wollen. Doch wenn seit Jahrtausenden weltweit Steine therapeutisch eingesetzt werden, dann ist doch wohl »etwas dran«. Und ganz sicher schadet es nichts.

Zum Gebrauch dieses Buchs

Dieses Buch will Ihnen einen besonders schnellen und informativen Einblick in die Welt der Heilsteine gewähren. Zu diesem Zweck ist der Inhalt in drei Teile gegliedert. Jeder Teil ist dabei alphabetisch nach Stichworten geordnet.

▶ Im folgenden ersten Teil werden allgemeine Begriffe erläutert, die mit Steinen im Zusammenhang stehen.

▶ Der zweite Teil erläutert die gebräuchlichsten Steine mit ihren physikalischen Eigenschaften, Zuordnungen zu Sternzeichen und den Energiezentren des Körpers (Chakras). Auskünfte zur Geschichte des Steins finden Sie hier ebenso wie zu den Heilwirkungen und Handhabungen.

▶ Der dritte Teil erläutert Störungen der körperlichen, geistigen und seelischen Gesundheit und schlägt Ihnen jene Heilsteine vor, die sich für eine Therapie eignen.

Wir machen allerdings darauf aufmerksam, dass bei ernsthaften Erkrankungen stets und sofort ärztliche Hilfe in Anspruch zu nehmen ist. Auch bei leichten Beschwerden sollte der Weg zum Arzt angetreten werden, wenn sich nach gewisser Zeit keine Besserung einstellt.

Die faszinierende Welt der Steine

Es wäre zu einfach, alles Unerklärliche als unmöglich abzutun. Schließlich konnte sich vor ein paar hundert Jahren auch noch niemand vorstellen, dass sich Sprache oder Bilder bei unseren modernen Kommunikationstechniken einfach durch die Luft bewegen. Oft mag uns nur das Wissen und die Kenntnis der Zusammenhänge fehlen, Phänomene wie die Kraft der Steine anzunehmen und als gegeben zu verstehen. Dies aber sollten wir tun. Und dabei möge Ihnen dieses Buch ein hilfreicher und informativer Begleiter sein.

Heilsteine wirken durch ihre Farbe und ihre Schwingungen. Die Farbe ist für jeden offensichtlich; die Schwingungen können Sie nicht sehen, wohl aber erfahren. Probieren Sie eine Behandlung mit Heilsteinen aus, nur so können Sie sich von deren Heilkraft überzeugen.

Astrologie

»Wenn der Sirius den Himmel nach Sonne und Mond teilt, soll der Lapislazuli geschnitten werden, um seine Heilkraft freizusetzen« (ägyptische Hieroglypheninschrift).

Wie bei allen alten Völkern des Orients, bei Griechen und Römern, ist die Vorstellung von der Magie der Edelsteine mit der Astrologie eng verknüpft. Edelsteine sind nach astrologischer Lehre die Vermittler der Mächtebestimmungen des Makrokosmos zum Mikrokosmos des Menschen, des in der Sternenkonstellation geschriebenen Völker- und Menschenschicksals.

Eine geschliffene Lapislazuliplatte mit eingesprengten Pyritkörnchen wird im Orient mit dem gestirnten Himmel verglichen. Für die Bewohner des Zweistromlands war dies mehr als ein schöner Vergleich. Da alles menschliche Geschick mit dem Geschehen am Himmel korrespondierte, musste der Lapislazuli zum heiligen und magischen Stein schlechthin werden.

Seit jeher werden Tierkreiszeichen mit Edelsteinen in Verbindung gebracht. Diese Monatssteine werden in verschiedenen Kulturkreisen unterschiedlich gruppiert. Man spricht vom chinesischen Horoskop, vom europäischen Horoskop (ägyptisch-griechisch-römisch) und vom indianischen Medizinrad. Und immer hat man in den jeweiligen Bezug zu den Sternen bestimmte Steine integriert; aber natürlich Steine, die gerade dort gefunden wurden und bekannt waren, wo das jeweilige Horoskop sich entwickelte.

Macht man sich klar, dass die Kraft des Mondes – als des uns nächsten Himmelskörpers – ganze Meere dieser Erde in ununterbrochener, rhythmischer Bewegung hält, dann ist der Gedanke nicht absurd, dass ungleich größere, stärkere Sterne ebenfalls Kräfte auf die Erde ausüben, auf Entstehung des Lebens im Allgemeinen und das der Menschen im Besonderen, aber eben auch auf die Steine, die in der Erdkruste wachsen. Je nach Ort und Dauer des Strahleneinflusses der Sterne mögen bestimmte Schwingungseigenschaften ganz besonders klar und konzentriert in Edelsteinen entstehen.

Die Menschen haben versucht, sich diese Kräfte zunutze zu machen, indem sie zuerst intuitiv ausprobierten und ihre Erfahrungen dann überlieferten. Allgemein gültig ist das fest-

Die Mineralien und Metalle der Woche

Die Astrologen ordneten jedem der alten Planeten einen Wochentag, die Alchemisten später jedem dieser Planeten bestimmte Mineralien und Metalle zu.

Wochentag	Himmelskörper	Minerale
Sonntag	Sonne	Gold und Saphir
Montag	Mond	Silber und Bergkristall
Dienstag	Mars	Eisen und Diamant
Mittwoch	Merkur	Quecksilber und Hämatit
Donnerstag	Jupiter	Zinn und Carneol
Freitag	Venus	Kupfer und Smaragd
Samstag	Saturn	Blei und Onyx

gelegt im Bezug der Edelsteine zu den Sternkreiszeichen. Die Zuordnung finden Sie in den beiden Innenseiten des Buchumschlags. Sie bezieht sich auf das europäische Horoskop und nur auf die Steine, die in den verschiedenen Überlieferungen eindeutig immer wiederkehren.

Auswahl, persönliche

Wir haben heute die Möglichkeit, fast jeden Stein zu bekommen. Die meisten sind – gemessen an anderen Therapien – erstaunlich preiswert. Dabei gibt es fast immer zu einem bestimmten Stein Alternativen.

1. Das erste Kriterium zur Auswahl eines oder mehrerer Steine ist: Sie sollen gefallen, sollen beim Betrachten oder Berühren ein positives Gefühl auslösen, die Farbe soll einem entsprechen, die Form, die Maserung – wobei der Stein, zu dem man heute greift, ein ganz anderer sein kann als in einem Jahr.

2. Man kann einen Stein nach seiner Zuordnung zu einem bestimmten Sternkreiszeichen aussuchen, wobei auch der Aszendent eine Rolle spielt.

Wir haben uns in diesem Buch auf unseren Kulturkreis und die am meisten beschriebenen Wechselbeziehungen beschränkt. Immer aber sollen die Steine dem im entsprechenden Monat Geborenen besondere Fähigkeiten verleihen, ihn schützen oder mit Glücksgütern segnen.

3. Schwächen oder Störungen liegen in bestimmten Körperbereichen. Da jeder Bereich über ein bestimmtes Chakra erreichbar ist, kann man einen Stein auch nach seiner Zuordnung zu einem bestimmten Chakra aussuchen.

Wer es sich zutraut und damit Erfahrung hat, der kann für sich den »richtigen« Stein auch auspendeln.

4. Farben haben eine bestimmte Wirkung auf Seele und Körper, die man sich in einem Stein zunutze machen kann.
5. Erfahrung und Überlieferung zeugen von der Wirksamkeit einzelner Steine bei bestimmten Schwächen, Störungen und Krankheiten und helfen, die passenden Steine zu finden.

Bibel

Die Bibel zitiert oft Steine in ihren Funktionen von Sicherheit, Schutz, Zuverlässigkeit, aber auch Reichtum und Wert. »Siehe, ich will deine Grundfesten aus Malachit bilden und deine Fundamente aus Saphiren. Ich will deine Zinnen von Rubinen machen und deine Tore aus Karfunkeln« (Jesaja). Auch in der Apokalypse kommen Edelsteine vor: zwölf an der Zahl, die man verschiedentlich mit den Aposteln oder den Sternzeichen in Verbindung gebracht hat.

Chakras

Die dem ersten Chakra zugeordneten Steine sind rot und schwarz, Farben des Lebens und der Vitalität: Rubin, Granat, Koralle, roter Jaspis, schwarzer Turmalin, Onyx, Hämatit und Rhodonit.

Besonders wirksam sind Mineralien, wenn sie auf den sieben Chakras – den zentralen Energiepunkten des Körpers – angewendet werden. Das kann durch kurzfristiges Auflegen der Steine passieren oder aber langfristig, indem die Steine für den ganzen Tag oder die ganze Nacht auf bestimmte Punkte mit Leukoplast (möglichst antiallergisches) aufgeklebt werden. Lesen Sie unten, wozu die verschiedenen Chakras dienen. Im zweiten Teil des Buchs ist dann immer das richtige Chakra für den jeweiligen Stein beschrieben.
Basis- oder Wurzelchakra Hier handelt es sich um das erste Chakra. Es liegt zwischen Steißbein und Genitalbereich, also mitten im Energiezentrum der Sexualität, der Fortpflanzung, des Blutes; die Drüsenfunktion der Nebennieren ge-

hört ebenfalls dazu, hier ist Erdverbundenheit wirksam. Alle sinnlichen Gleise – und Entgleisungen – haben im ersten Chakra ihre Impulse. Unkontrollierte Sexualität und Süchte sind an dieser Wurzel zu behandeln, genau wie mangelnde Libido oder Freude an der Sexualität.

Milz- oder Sakralchakra Es ist das zweite Chakra. Es liegt über dem Schambein im Unterbauch. Legt man die rechte Hand so auf den Bauch, dass die Daumenkante unter dem Nabel liegt, dann deckt die Hand genau das zweite Chakra. Die Öffnung zur Energieaufnahme von außen zeigt nach vorne. Von hier wird energetisch der Fluss aller Körpersäfte beeinflusst: Blut, Lymphe, Schweiß, Magensäfte, aber auch Tränen und der ganze Fluss des Lebens. Hormonell werden hier die Eierstöcke, Keimdrüsen und Hoden beeinflusst.

Solarplexus oder Nabelchakra, Sonnengeflecht Es ist das dritte Chakra. Liegt die rechte Hand mit der Kleinfingerkante am Nabel, dann deckt die Hand dieses Chakra, das sich – wie das vorherige – nach vorne öffnet, um Energie aufnehmen zu können. Dazugehörende Nebenchakras sind die Hände. Dieses Chakra ist der Bauchspeicheldrüse (Hormone: Insulin und Glukagon) zugeordnet und damit energetisch für den ganzen Arbeitsbereich der Verdauung mit ihren chemischen Prozessen zuständig. Außerdem wissen wir aus dem autogenen Training, wie wichtig Entspannung und Harmonie dieses Sonnengeflechts für das vegetative Nervensystem sind. Hier sind die Wurzeln, aus denen sich unsere Persönlichkeit entfaltet.

Herzchakra Es ist das vierte Chakra. Sein Energiezentrum liegt in der Mitte des Brustkorbs und ist nach vorne geöffnet. Es ist energetisch für Herz und Kreislauf zuständig, versorgt darüber hinaus über die Thymusdrüse auch das Immunsystem, die körpereigene Abwehrkraft. Mit dem Herzen ist es im übertragenen Sinne das Chakra für Liebe, Harmonie und Geborgenheit.

Der Planet des zweiten Chakras ist der Mond. Seine Farbe ist Orange, seine Steine sind Carneol, Citrin, orangefarbener Jaspis und orangefarbener Beryll.

Das dritte Chakra ist der Sonne und den Farben Gelb und Gold zugeordnet. Seine Steine sind Citrin, Topas, Tigerauge, gelber Turmalin.

Planeten des Herzchakras sind Sonne und Venus. Seine Farbe ist Grün; komplementär dazu Rosa. Seine Steine sind grün: Aventurin, Chrysokoll, Chrysopras, Olivin, Moosachat, Smaragd, Turmalin Jade; rosa: Rhodonit, Koralle, Rhodochrosit, Rosenquarz.

Die Farbe des fünften Chakras ist Blau. Merkur, Mars und Uranus sind die einwirkenden Planeten. Seine Steine sind Chalcedon, Coelestin, Chrysokoll, Türkis, Aquamarin, blauer Topas, Opal, Perle, Mondstein.

Die Planeten des Dritten Auges sind Merkur, Jupiter und Neptun, die Farben kräftig Blau bis Violett. Seine Steine sind Sodalith, Amethyst, Saphir, Bergkristall, Fluorit.

Die Planeten des siebten Chakras sind Saturn und Neptun, die Farben Violett, Weiß und Gold. Seine Steine sind Amethyst, Diamant, violetter Fluorit, Bergkristall.

Hals- oder Kehlchakra Das fünfte Chakra liegt am unteren Teil des Halses. Es ist nach vorne und nach unten geöffnet und versorgt energetisch die Schilddrüse mit ihrer Hormonproduktion und steuert damit Hunger und Durst. Aber auch die Ohren und die Stimmbänder gehören zum fünften Chakra. Und damit im übertragenen Bereich das Sprechen, die Wortgewalt, die Kunst, sich verständlich zu machen.

Stirn- oder Befehlschakra, Drittes Auge Es ist das sechste Chakra. Es öffnet sich über der Nasenwurzel, zwischen den Augenbrauen nach vorne. Augen und Nase mit ihren Sinnen beziehen hier ihre Energie, im übertragenen Sinne die Fähigkeit des Erkennens und das intuitive Erfassen der Dinge. Der hormonelle Einfluss geht auf die Hypophyse, die Hirnanhangsdrüse, das Steuerungszentrum aller Drüsenarbeit im Körper. Das zentrale Nervensystem ist diesem Chakra zugeordnet.

Kronen- oder Scheitelchakra Es ist das siebte Chakra. Hier kann Energie von oben nach unten in den Kopf eindringen. Es ist der Grenzbereich zum Übergeordneten, zum Kosmos, zum Absoluten. Das siebte Chakra ist mit den Vorderlappen der Hypophyse verbunden und steuert die körperliche und die geistige Entwicklung eines Menschen sowie über die Zirbeldrüse an der Unterseite des Stammhirns die körperliche Größenentwicklung.

Druse

Hohlräume in Steinen, die mit Kristallen ausgekleidet sind.

Edelsteine

Mineralien, denen aufgrund ihrer spezifischen Eigenschaften (z. B. schönes Farb- und Lichtspiel, Klarheit, Härte, Seltenheit des Vorkommens) besonderer Wert beigemessen wird, der durch eine entsprechende Bearbeitung noch eine erhebliche Steigerung erfahren kann.

Energie

Allgemein physikalisch versteht man unter Energie die Fähigkeit, Arbeit zu verrichten – seien es mechanische, elektrische, thermische oder andere Energieformen. Energie ist dabei immer mit Bewegung und Verwandlung verbunden.

Dass aus der grauen, braunen »schmutzigen« Erde solche Wunderwerke an Farbe und Form zu finden waren wie die Edelsteine, legte seit 6000 Jahren die Vermutung nahe, in ihnen müssten besondere Kräfte gebündelt sein, die es zu nutzen galt. Unter Hitze, Druck oder Luftabgeschiedenheit und durch die Mischung bestimmter Grundsubstanzen wächst Edelstein aus einem Zusammenspiel energetischer Gesetzmäßigkeiten. Diese Form und Farbe gewordene Energie geben die Steine als Strahlung auch wieder frei.

Entstehung

Man geht heute davon aus, dass die Planeten im Zusammenspiel von Materie, Energie, Rotation und Gravitation im Universum entstanden sind. Auch unsere Erde war demnach zunächst eine lose Ansammlung von Gas und Staub, die sich unter dem Einfluss ihrer eigenen Schwerkraft mehr und mehr verdichtete, bis aus ihr ein flüssiger Glutball entstand. Allmählich kühlte das Äußere dieses Balls ab, und es entstand die Oberfläche unserer Erde, eine feste Schale, die die Glut, das brodelnde Magma, einfasst.

Die Zusammensetzung dieses Magmas ist nicht überall und immer gleich. Dort wo die Erdkruste aufbricht, strömt Magma nach außen und erkaltet. Dabei bildet sich festes Gestein. Je nach der chemischen Zusammensetzung des Magmas kristallisieren dazwischen vulkanische Steine, die Vulkanite. Da es sich um einen schnellen Abkühlungsprozess handelt, sind vulkanische Steine meist klein, sie haben keine Zeit, zu großen Kristallen zu wachsen.

Energie geht nie verloren, sie wird endlos umgewandelt. Überall ist andauernd energetische Kraft wirksam. Alles hat eine Ausstrahlung, und alles nimmt Strahlung wahr und ist in ihr veränderbar. Am deutlichsten macht sich das natürlich bei den Lebewesen bemerkbar, also dort, wo Veränderung immer spürbar ist.

Anders die Plutonite, die sich im Magma bilden und zu wachsen beginnen. Sie sind – entsprechend ihrer chemischen Zusammensetzung – leichter oder schwerer, was bedeutet, dass sie in der Magmamasse absinken und wieder hochbrodeln, abhängig von Druck und Temperatur. Werden solche Mineralansätze – wie Samen – von innen in Winkel und Höhlungen oder Kanäle der Erdkruste gedrückt, so können dort Edelsteine langsam wachsen.

Farben

Die Farben eines Edelsteins werden von der chemischen Zusammensetzung des Steins bestimmt. Diese chemische Formel ist für einen Stein immer gleichbleibend und macht ihn aus. Allerdings kann ein Edelstein in verschiedenen Farben auftreten, wenn die chemische Grundstruktur verschiedene Beimengungen hat (Eisen, Mangan, Silizium etc.). So gibt es z. B. Jaspis in Gelb, Grün, Rot und Braun.

In der Kraft der Steine spielt immer deren Farbe eine entscheidende Rolle, sowohl im therapeutischen Bereich als auch im astrologischen, so, wie auch jeder einzelne Betrachter auf Farbe und Ausstrahlung eines Steins mit Sympathie oder Antipathie reagiert.

Farbtherapie

Bei der Farbtherapie werden die verschiedenen Schwingungen aus dem Lichtspektrum und den damit verbundenen Farben genutzt. Dabei unterscheidet man im Wesentlichen »warme« Farben (Rot, Orange, Gelb) und »kalte« Farben (Grün, Blau, Violett). Weiß hat keinen Farbeffekt, es reflektiert das gesamte Lichtspektrum, während Schwarz alles auftreffende Licht absorbiert.

Grün   Kräftigt das Herz, regt Leber und Gallenblasentätigkeit an, befreit Gefühle und lenkt sie nach außen.

Blau   Regt Nierenarbeit und Entschlackung an; wirkt beruhigend und Angst lösend.

Violett   Kräftigt die Arbeit der Lunge und über bessere Sauerstoffversorgung die Gehirnleistung; wirkt befreiend.

Rot   Regt die Durchblutung an und fördert Sexualität und Libido; Gefühle werden intensiver, positiv wie negativ.

Orange Stabilisiert Kreislauf und Stoffwechsel; macht heiter und unbefangen.

Gelb Kräftigt die körpereigene Abwehr, das Immunsystem; muntert auf.

Schwarz Sediert allen Energiefluss, wirkt schmerzstillend; stärkt die seelische Widerstandskraft.

Farblos, Weiß Stärkt den Zustand, der gerade besteht.

Formen

Bei Edelsteinkristallen ist die chemische Formel stets gleich und bewirkt eine bestimmte Kristallform, so dass Edelsteine einer Art zwar verschieden groß, aber immer in derselben Gesetzmäßigkeit gefunden werden – gleichgültig z. B. ob der Smaragd aus dem österreichischen Habachtal oder aus Brasilien stammt.

Amorphe Formen wie Bernstein, Perlen oder Korallen sind keine »Steine«, sondern tierischen oder pflanzlichen Ursprungs. Sie sind nicht von mineralischer, also nicht eindeutiger Konsistenz.

Gemmologie

Die Lehre von Schmuck- und Edelsteinen. Ein Gemmologe ist auch ein Steinschneider, der darauf spezialisiert ist, aus bestimmten Steinen Formen oder Bilder herauszuschneiden, beispielsweise Familienwappen. Diese werden oft aus so genannten Lagensteinen geschnitten, indem eine Schicht eines Steins herausgeschnitten und die andersfarbige darunter liegende Schicht freigelegt wird.

In Amerika ist Gemmologie auch ein Universitätsstudium, bei uns jedoch keine geschützte Berufsbezeichnung. Zu erlernen ist dies Erkennen und Verarbeiten von Edelsteinen am besten in Idar-Oberstein.

Geologie

Die wissenschaftliche Disziplin, die sich mit der Erforschung der Erdschichten nach Entstehung, Entwicklung und Beschaffenheit befasst – auch unter Berücksichtigung der die Erde bewohnenden Organismen (Fossilien). Geologe ist ein wissenschaftlicher Beruf, den schon im 6. Jahrhundert v. Chr. Xenophanes ausübte und lehrte. Das Interesse daran verlor sich, keimte im ausgehenden Mittelalter wieder auf (Leonardo da Vinci) und wurde mit der Ausweitung des Bergbaus zum festen Bestandteil der Naturwissenschaft.

Härte

Nach Farbe und Kristallstruktur unterscheiden sich Edelsteine durch ihre Härte voneinander. Seit fast 200 Jahren werden diese Härtegrade nach einer Einteilung bestimmt, die Friedrich Mohs getroffen hat, seinerzeit Professor für Mineralogie in Graz. Die Mohssche Skala umfasst Härte 1 bis 10.

In seiner Eigenschaft als härtester Stein ist der Diamant aus der technischen Industrie nicht mehr wegzudenken. Im Haushaltsalltag kennen wir ihn als Glasschneider oder als sensiblen Abtaster von Schallplatten vor der CD-Ära.

Härtegradeinteilung nach Mohs

Härte	Prüfung	Substanz
1	Mit Fingernagel relativ leicht ritzbar	Gips, Talk
2	Mit Fingernagel noch ritzbar	Gips, Steinsalz
3	Mit Messer oder Münze zu ritzen	Calcit
4	Mit Messer oder Glas zu ritzen	Fluorit (Flussspat)
5	Mit Messer zu ritzen	Apatit
6	Mit Glas oder Stahlstift ritzbar	Orthoklas (Feldspat)
7	Ritzt selbst Glas	Quarz
8	Ritzt selbst Glas und Quarz	Topas
9	Mit Diamant ritzbar, ritzt selbst Topas und Glas	Korund
10	Nicht ritzbar, ritzt selbst alle Edelsteine	Diamant

Jeder Edelstein definiert sich dadurch, dass er einen weicheren ritzen kann, während er von einem härteren geritzt wird. Der härteste Stein ist der Diamant (Härte 10), der einzige Stein, der aus nur einem Element, nämlich reinem kristallisiertem Kohlenstoff, besteht. Er ritzt alle anderen Steine.

Heilwirkung

Erfahrung und Überlieferung sagen uns heute, welcher Stein bei welchem Missbefinden oder welcher Erkrankung hilfreich sein kann. Es haben sich verschiedene Möglichkeiten, den Stein zu benutzen, als sinnvoll erwiesen:

1. Man kann das Mineral als Druse oder Rohstein, wie gefunden, im Raum aufstellen oder am Arbeitsplatz vor sich haben.

2. Ein Stein, handsam zum »Handschmeichler« geschliffen und stets bei sich getragen, wirkt über den dauernden Kontakt mit der Hand.

3. Ein bearbeiteter oder unbearbeiteter Stein, der auf bestimmte Partien des Körpers aufgelegt oder über längere Zeit mit Heftpflaster aufgeklebt wird, lässt seine Schwingungsenergie genau dort wirksam werden.

4. Man kann mit einem Stein über die Haut streichen oder bestimmte Körperpartien massieren.

5. Ein Stein kann als flaches Amulett direkt auf der Haut an einem Leder- oder Baumwollband (andere Materialien könnten die Kräfte des Steins stören!) getragen werden.

6. Steine, zu Kugeln »gemugelt«, werden als Kette getragen.

7. Man kann einen Stein vor sich legen und als Meditationszentrum benutzen.

8. Edelsteine werden für kurze Zeit (eine Stunde) oder länger (bis zu drei Tage) in Wasser oder Wein gelegt. Dieses Edelsteinelixier wird sodann für Umschläge verwendet oder getrunken. Dabei ist zu beachten, ob der jeweilige Stein über Nacht oder im Sonnenlicht eingelegt werden soll.

Wer vorbeugend oder halbherzig oder eher allgemein es mal mit Steinen versuchen will, der kann sich selbst oder von einem Experten verschiedene Steine zusammenstellen lassen und als kleine oder größere – meist sehr hübsche! – Kette tragen. Oft löst das erstaunliches Wohlbefinden aus.

9. Weiche Steine können zu Pulver verrieben werden. Dieses Pulver wird – zu Paste vermischt – aufgestrichen oder in Flüssigkeit getrunken.

10. Ein bestimmter Stein kann zum Talisman werden.

11. Manche Steine eignen sich geschliffen als Trinkgefäß, so dass man kleine energetische Impulse mit jedem Schluck aus dem kostbaren Becher aufnimmt.

Herstellung, synthetische

Heute ist fast jeder Stein als synthetisches Imitat zu kaufen. Die chemische Zusammensetzung stimmt, die Farbe ist korrekt, und doch erkennt der Fachmann den Unterschied. Die Kunststeine sind zu perfekt. Ihnen fehlt die innere Spannung und damit auch die potenzielle Kraft, das tiefe Feuer. Da bei künstlichen Steinen nie die erforderliche Härte zu erreichen ist, verbietet sich auch kunstvoller Schliff, so dass in der Schmuckherstellung zwar schöne, aber keine außerordentlichen Teile gefertigt werden können.

Kristalle

Die Bezeichnung ist vom griechischen »crystallos« (= Eis) entlehnt. Früher hielt man den Bergkristall für gefrorenes Wasser, das aus irgendeinem Grund nicht mehr in seinen flüssigen Aggregatzustand zurückkehren konnte.

Kristalle sind feste Körper, die nur eine von sieben trigonometrisch bestimmte Gestalten annehmen können (siehe Randspalte) und normalerweise aus Mineralien, Salzen, Metallen oder auch organischen Substanzen bestehen. Die Atome oder Moleküle verbinden sich nach einem ganz bestimmten Muster zu einem räumlichen Kristallgitter. Dieses Gittermuster spiegelt sich auch in der äußeren Form des Kristalls wider. Jede der sieben Grundstrukturen ist durch einen spezifischen Winkel der Flächen zueinander gekennzeichnet – unabhängig von der Größe des Kristalls.

Es gibt sieben verschiedene Formen, in denen Edelsteine auskristallisieren können. Sie sind geometrisch genau definiert, und alle Edelsteine lassen sich in diese Gesetzmäßigkeit einordnen: kubisch, trigonal, hexagonal, tetragonal, rhombisch, monoklin und triklin.

Laden, auf-, ent-

Meistens reicht es, den oder die Steine unter fließendes Wasser zu halten, um sie einmal wöchentlich zu »entladen«; das abfließende Wasser erdet dann die negativen Schwingungen. Zum Aufladen werden die Steine entweder ins Sonnenlicht gelegt oder für einen Tag in eine Amethystdruse oder Bergkristallgruppe gebracht. Oft empfiehlt es sich auch, die Therapiesteine in eine Schale mit Trommelsteinen (meist Hämatit) zu legen, das sind viele kleine, durch Abrieb entstandene ungefähr gleich große Steinchen. Wo die beste Technik von diesen Grundsätzen abweicht, ist es bei den jeweiligen Steinen im zweiten Teil dieses Buchs vermerkt.

Um die Kraft von Steinen zu nutzen, sollten die Steine regelmäßig von negativen Energien entladen und mit neuer Energie wieder aufgeladen werden.

Licht

Ein weiteres Kriterium zur Einteilung von Edelsteinen ist ihre Lichtdurchlässigkeit und Lichtbrechung. In allen Farben gibt es ganz klare Mineralien, halb lichtdurchlässige und ganz matte. Je härter und klarer ein Mineral ist, umso besser eignet es sich zum Schliff.

Mineralien

Ausgangsprodukte für Gestein, Edel- und Halbedelsteine. Es handelt sich um chemische Verbindungen, die für gewöhnlich aus einem metallischen und einen nicht metallischen Bestandteil zusammengesetzt sind. Allerdings gibt es auch Mineralien, die nur aus einem Element bestehen, so der Diamant (nur Kohlenstoff). Man unterscheidet die Mineralklassen im Allgemeinen nach ihrem nicht metallischen Anteil: Sulfide (Schwefel), Sulfate (Schwefelsäure), Silikate (Kieselsäure), Phosphate (Phosphorsäure), Halogenide (Halogene wie Fluor, Chlor, Brom, Jod), Karbonate (Kohlensäure), Oxide (Sauerstoff) etc. Mineralien entstehen überwiegend aus übersättigten wässrigen oder Schmelzlösungen. Eine Reihe

Ein Mineral hat eine einheitliche chemische Formel; im Gegensatz zu Gestein, das aus einer Mischung von verschiedenen chemischen Zusammensetzungen besteht.

von Mineralien ist hierbei in der Lage, sich zu Kristallen (→ Kristalle) zusammenzusetzen. Für den menschlichen Organismus sind bestimmte Mineralien unverzichtbar.

Mineralogie

Die Mineralogie ist eine Wissenschaft, die alle Minerale nach Aufbau und Unterschieden, Fundorten und Verwendbarkeit untersucht.

Mythos

Am Übergang zur Neuzeit, zur Moderne, geriet das Mystische der Edelsteine langsam in den Hintergrund. Die Alchemisten hatten den »Stein der Weisen« nicht gefunden, sie hatten weder Gold noch Edelsteine destillieren können.

Der viel besungene, gesuchte und erträumte »Karfunkelstein« wanderte in die Märchenwelt oder in den Mythos. Der »Heilige Gral« soll in einem Karfunkelstein in der Burg Montserrat ruhen. Er leuchtet rot wie das darin enthaltene Blut Christi und strahlt aus sich selbst, ohne dass eine Lichtquelle seine Farbe zum Leuchten brächte. Doch weder Burg noch Stein, noch Gral war einem normalen Sterblichen zu finden je vergönnt.

Den sagenumwobenen Karfunkelstein, in dem »das Licht Gottes auf Erden« (»Parzival«) leuchtet, zu finden, ist nur wenigen Auserwählten bestimmt. Es heißt, er wachse unter dem Ansatz des Horns beim Einhorn; aber auch das kennt in unserer realistischen Zeit niemand mehr.

Rohsteine

Naturbelassene Steine, die aus dem gewachsenen Stein herausgebrochen sind und ihre Ursprünglichkeit bewahrt haben. Sie sind vom ästhetischen Gesichtspunkt her, aber auch wegen ihrer Heilwirkung immer etwas Außergewöhnliches. Rohsteine eignen sich ausgezeichnet zum Auflegen.

▶ In gewachsenen Kristallspitzen konzentriert sich die ganze Energie des Steins. Sie eignen sich gut zum Pendeln, was aber nur ein erfahrener Therapeut durchführen sollte.

▶ Drusen (→ Drusen) sind ein idealer Aufbewahrungsort für Heilsteine, wenn sie aufgeladen werden sollen.

▶ Kristallkonglomerate, deren Spitzen in verschiedene Richtungen weisen, fächern ihre Energie breit aus. Sie eignen sich, um einen Energieausgleich in Räumen herzustellen.

Schliff

Das Anschleifen und Polieren von Edelsteinen entstand vermutlich in Indien. Von dort gelangte diese Technik in die Hochkulturen an Euphrat und Tigris und weiter zum Nil. Im Abendland stand die Kunst der Edelsteinschleiferei bis zu den Kreuzzügen auf sehr primitiver Stufe. Dann kamen mit den rückkehrenden Kreuzfahrern die klangvollen mystischen Namen indischer, persischer oder arabischer Steine und die Kenntnis der Edelsteinschleiferei nach Mittel- und Westeuropa, wo sie in Prag im 14. Jahrhundert einen festen Sitz erlangte. Die Kreuz- und Katharinenkapelle auf der Burg Karlstein und die Wenzelkapelle des Doms geben davon Zeugnis mit ihren großen Platten aus Chrysopras, Achat und Amethyst. 1405 schlossen sich in Freiburg im Breisgau die Ballierer (Edelsteinschleifer) zu einer Gilde zusammen, die vor allem den aus Böhmen kommenden Granat bearbeiteten. Hier wurde bereits auf großen, schnell laufenden Sandsteinrädern, die mit Wasserkraft angetrieben wurden, geschliffen. Von hier gelangte diese Kunst nach Idar-Oberstein, wo sie noch heute einer ganzen Stadt Arbeitsplätze bietet.

Schmucksteine

Bei Schmuckstücken mit unterschiedlichen Steinen kann sich deren Kraft gegenseitig beeinflussen – zum Negativen oder zum Positiven. Ziehen Sie deshalb einen Edelsteinspezialisten zurate. Auch ein gefasster Stein verändert seine Wirkung in der Intensität. Gold verstärkt die Wirkung aller Steine, Silber vor allem die von Türkis und Koralle. Einzelne Steine sollten daher – vor allem, um sie stets bei sich tragen zu können – als Schmuckstücke gefasst sein.

Der Edelsteinschleifer ist bei uns keine offizielle Berufsbezeichnung. Anders z. B. in Holland, wo das Schleifen von Edelsteinen, vor allem von Diamanten, eine lange Tradition hat.

Fast alle Steine sind in Silber oder Gold fassbar; viele erhöhen durch die Metallfassung ihre Schwingungsenergie. So wird das Tragen von Edelsteinschmuck zugleich zum Therapieansatz.

Sedimente

Bilden sich aus den Kräften der Verwitterung. Regen, Wind, Schnee und Eis nagen mit ihren Temperaturschwankungen am Gestein und brechen es auseinander. Das Geröll wird durch die Bewegung an seinen Ecken und Kanten der Oberfläche immer weiter abgeschliffen. Je nach Härte des Gesteins entstehen schneller oder langsamer Kieselsteine, die mit dem Wasser in Täler hinuntergetragen werden, bis sie zu Sand zermahlen, von den Flüssen ins Meer gespült und dort abgelagert werden.

Je nach Schwere werden die Teilchen verschieden weit auf dem Meeresboden getragen und bilden in verschiedenen Tiefen neue Schichten. Die im Wasser gelösten Mineralien verbinden sich mit den ebenfalls im Wasser vorhandenen Bestandteilen wie Sauerstoff, Kohlenstoff, verschiedenen Säuren und bilden neue Mineralien. In dieser Hinsicht sind auch Steine – wie Wasser – einem Kreislauf unterworfen.

Trommelsteine

Bearbeitete Steine. Die Rohsteine werden zusammen mit Wasser und Sand in einer Trommel bewegt. Auf diese Weise schleifen sich die Kanten und Spitzen ab, und man erhält eine gerundete und glatte Oberfläche. Die Steine eignen sich anschließend z. B. als Handschmeichler. Sie entfalten wegen ihrer starken Schwingungen eine hohe Heilwirkung und sind ideal zum Auflegen oder Aufkleben.

Überlieferung

Aus vorchristlicher Zeit ist die Beschreibung von Mineralien bei Aristoteles in dessen »Meteorologica« überliefert, Plinius der Ältere hat um die Zeitenwende mehrere Bände seiner »Naturgeschichte« den Mineralien gewidmet. Berühmt gewesene Steinbücher der Antike sind auch die »Orphischen

»Gotte schläft im Stein«, die Vorstellung, das Göttliche mit dem Ewigen des Steins zu verbinden, kehrt in allen Religionen wieder. Die Griechen wähnten den Sitz der Götter auf der Spitze des Berges Olymp, die Naturvölker Tibets blicken ehrfürchtig zum Himalaya, den indianischen Ureinwohnern war der Popocatepetl heiliger Berg. Die Bibel spricht von der Gemeinde der Gläubigen als den »lebendigen Steinen«, die sich um den »Eckstein Jesu« scharen.

Lithiken.« Im Gilgamesch-Epos der Sumerer (1200 v. Chr.), wie im Totenbuch der alten Ägypter, im Talmud wie in »Ischtars Höllenfahrt«, einem assyrisch-babylonischen Epos, werden Edelsteine beschrieben als Vergleich für Schönheit, als Schmuck, als außerordentlicher Wert oder als Kraftquelle – im Guten wie im Bösen.

Nach Christus ist es fast 1500 Jahre still um Edelsteine. Erst die mittelalterliche Literatur spricht wieder von ihnen, sowohl im Versuch, naturwissenschaftlich zu denken und zu argumentieren als auch in Bezug auf die Wirkung von Edelsteinen, ihre möglichen therapeutischen Effekte.

Wissenschaft

Georgius Agricola (1494–1555) begründete die moderne Mineralogie. In der gleichen Zeit hat Paracelsus begonnen, Therapiemöglichkeiten mit Edelsteinen aufzuschreiben. Besonders in den Klöstern, wo zur damaligen Zeit die Pflege Kranker betrieben wurde, griff man auf seine Anweisungen zurück.

Die später heilig gesprochene Hildegard von Bingen (1098–1179) hatte schon Jahrhunderte zuvor Heilpraktiken mit Edelsteinen beschrieben, die allerdings später von den Naturwissenschaftlern nur teilweise übernommen wurden.

Zahlen

Die Beziehung von Edelsteinen zu magischen Zahlen, meist drei, sieben oder zwölf, kehrt in den verschiedenen Kulturkreisen immer wieder. So symbolisiert die heilige Zahl Zwölf die zwölf Stämme des Volkes Israel, bei den Griechen die Anzahl der olympischen Götter und später die Einteilung des Himmels in zwölf Tierkreiszeichen, den zwölf Monatsrhythmen zugeordnet. Auch Platons Sicht von der Erde ist zwölfteilig. Er spricht von zwölf großen Gebirgen, die den Erdball in zwölf Farbteile aufteilen.

So erklärt Hildegard von Bingen die Entstehung der Edelsteine:

»... im Osten und wo sehr starke Sonnenglut herrscht, entstehen Edelsteine. Die Berge in jener Gegend haben von der Sonnenglut Hitze wie Feuer. Hört die Überschwemmung der Wasser auf, so dass sie in ihr Bett zurückkehren, dann trocknet der Schlamm, der an den Bergen hängen blieb, je nach Zeit und Temperatur aus. Er bekommt Farbe und Kräfte und wird zu Edelsteinen verhärtet.«

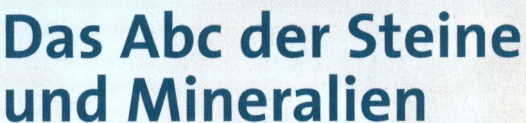

Das Abc der Steine und Mineralien

Alle natürlich gewachsenen Steine besitzen die Kraft zu heilen, ob als Rohstein, Trommelstein oder als Schmuckstein. Sie unterscheiden sich allerdings in Intensität, Wirkungsweise und Handhabung. Deshalb sollten Sie sich im folgenden Kapitel mit den wichtigsten Heilsteinen vertraut machen. Bestimmt sind Ihnen einige der Steine bereits bekannt, vielleicht besitzen Sie den einen oder anderen gar als Schmuckstein und können seine Heilkraft gleich ausprobieren.

Achat

Fundorte: *ehemalige Vulkangebiete, in Deutschland im Schwarzwald, in Sachsen, bei Idar-Oberstein, weltweit in Brasilien, Uruguay, Mexiko, den USA und Vorderindien.*

Sternkreiszeichen
Für Stier und
Steinbock zur
Sensibilisierung
und Stärkung der
Willenskraft.
Chakra
Achat in Rottönen:
Sakralchakra und
Milzchakra; in Blau:
Halschakra.

Achat

Farbe: Das Farbspiel des Achat ist vielfältig von Graublau über Beige, Rötlich bis Braun, je nachdem, welche metallischen Beimischungen enthalten sind. Er ist meist in Schichten erhärtet, was ein vielfältiges Streifen-, Muster- und Ornamentspiel ergibt.

Chemische Zusammensetzung: SiO_2 + Al, Ca, Fe, Mn

Härte: 6,5 bis 7

Kristallisation: Achat ist in gasblasenartigen Hohlräumen erkaltenden Lavagesteins gewachsen. Er gehört zu den chalcedonen Quarzen, die trigonal in Mikroform auskristallisieren. Durch die Schichten des Achats wurde er als »Lagenstein« bekannt und in der Gemmologie genutzt, um z. B. Köpfe oder Wappen aus einer anderen, tiefer liegenden Farbe herauszuschneiden. Auch die berühmten Skarabäen des Altertums wurden aus Lagenstein geschnitten.

Handelsübliche Formen: als Anhänger; als polierter Stein zum Auflegen oder als Handschmeichler; in Kugeln als Kette oder im Querschnitt zum Aufstellen, mitunter noch mit einer Druse in der Mitte.

Geschichte und Legende: Der Name soll vom Fluss Achates auf Sizilien herrühren. Schon der griechische Philosoph Theophrastos beschreibt ihn 300 v. Chr. Er gehört zu den ältesten begehrten Edelsteinen, die stets auch als Glücks- und Heilsteine eingesetzt wurden. Einen zum Amulett oder Handschmeichler geschliffenen Achat bei sich zu tragen, soll sensibel für andere Menschen machen; einem Mann soll er die Liebe der Auserwählten bringen.

Heilwirkungen

▶ Schwangerschaftsschutzstein für Mutter und Kind.

▶ Wirkt gegen Kopfschmerz und Schwindel.

▶ Hilft bei fiebrigen Infektionen (auf das Herz- und/oder Stirnchakra auflegen).

▶ Positive Wirkung bei Hautkrankheiten.

▶ Ermüdete und entzündete Augen erholen sich durch Auflegen einer Achatscheibe.

▶ Achatwasser hilft bei Störungen des Gleichgewichtsinns.

▶ Der Stein löst seelische Spannungen und gibt das Gefühl von Geborgenheit.

Anwendung und Pflege: Achat sollte direkt auf der Haut getragen werden. Einmal im Monat unter fließend warmem Wasser entladen. Sonneneinwirkung steigert seine Energie.

Amazonit

Farbe: grün, blaugrün durch Kupferbeimengung.
Chemische Zusammensetzung: $K[AlSi_3O_8] + Cu$
Härte: 6 bis 6,5
Kristallisation: Er gehört als Kalimineral in die Gruppe der Feldspate und kristallisiert prismatisch.
Handelsübliche Formen: zum Auflegen, als Anhänger und Halskette.

Amazonit
Fundorte: *USA, Madagaskar, GUS, Südwestafrika, Brasilien.*

Geschichte und Legende: Humboldt berichtet, dass am Rio Negro Amulette aus Amazonit getragen wurden, von denen es hieß, sie stammen »aus dem Land der Weiber ohne Männer«, was bedeutet, dass der Name nicht – wie meist angenommen – vom Amazonas herstammt, sondern vom sagenumwobenen Land der indianischen Amazonen. Der Amazonit war nicht nur Heilstein der Indianer, sondern er galt ihnen als heiliger Stein.

Heilwirkungen

▶ Auf das Herzchakra aufgelegt, hilft er bei Herzbeschwerden (Druck, Enge, Rhythmusstörungen, Herzinsuffizienz).

▶ Auf das Sonnengeflecht aufgelegt, hilft Amazonit gegen Depressionen und Unruhe.

▶ Gegen Kopfschmerzen und Migräne hilft, wenn eine Amazonitkette direkt auf der Haut getragen wird.

▶ Er tröstet und hilft bei der Bewältigung von Trauer.

Sternkreiszeichen
Der Amazonit gibt dem Wassermann Vitalität.
Chakra
Vor allem Herz-, aber auch Halschakra.

Anwendung und Pflege: wirkt durch Tragen und Auflegen, gut auch als Steinessenz (über Nacht in einem abgedeckten Glas mit Wasser stehen lassen und die Essenz über den nächsten Tag verteilt trinken). Einmal wöchentlich unter fließend warmem Wasser entladen und eine Stunde in die Sonne legen.

Amethyst

Farbe: violett von hell bis dunkel durch Spuren von Eisen.
Chemische Zusammensetzung: SiO_2 + (Al, Ca, Fe, Li, Mg, Na)
Härte: 7
Kristallisation: Er gehört zu den Kristallquarzen und kristallisiert in sechsseitigen Prismen; sind sie oben spitz, spricht man von einem männlichen Kristall, abgeflacht von einem weiblichen.
Handelsübliche Formen: Handschmeichler, Halskette, Anhänger. Als offene Druse oder Querschnitt zum Aufstellen.
Geschichte und Legende: Die alten Griechen trugen den Amethyst zum Abwehren von Zauberei, gegen Heimweh und böse Gedanken, vor allem aber gegen Trunkenheit, weshalb gern Wein im Amethystbecher kredenzt wurde. In der Antike wurde er auch Bacchusstein genannt, weil die Göttin Diana eine Nymphe, in die Bacchus verliebt war, aus Eifersucht in einen Amethysten verwandelt habe. Seine ernüchternde, klärende Wirkung wurde seit jeher in den verschiedenen Kulturen betont. Die buddhistischen Mönche Indiens benutzen ihn – vergleichbar einem Rosenkranz in der katholischen Kirche – zum Meditieren.

Konrad von Megenberg schrieb vor 600 Jahren über den Amethyst, dass er »den Menschen wacker macht, die bösen Gedanken vertreibt, gute Vernunft bringt und mild und sanft macht«. Dafür und gegen Alpträume legte man ihn nachts unter das Kopfkissen.

Amethyst
Fundorte: *Brasilien, Uruguay, Mexiko und Westaustralien, Marokko.*

Sternkreiszeichen
Der Amethyst ist der Stein der Fische, deren Bewusstsein und Unterbewusstsein er fördert.
Chakra
Scheitelchakra.

Heilwirkungen

▶ Der Amethyst wirkt beruhigend, nervlich entspannend und stabilisierend.

▶ Der aufgelegte Stein hilft auch gegen Migräne.

▶ Bei Prellungen lässt ein aufgelegter oder als Scheibe aufgeklebter Amethyst die Schwellung schnell zurückgehen.

▶ Gegen niedrigen Blutdruck soll ein Amethyst zwölf Stunden in einem Glas Wasser ruhen, das dann getrunken wird.

▶ Kopfarbeitern wird geraten, jeden Morgen ein Glas Amethystwasser nüchtern zu trinken.

▶ Am Tag fördert der Stein nüchterne Bewusstheit, nachts einen ruhigen Schlaf und gesunde Träume.

Anwendung und Pflege: Zur Therapie sollte der umgekehrt geschlechtliche Kristall gewählt werden. Einmal monatlich unter fließend warmem Wasser entladen und über Nacht zwischen trockene Hämatittrommelsteine legen. Nicht der Sonne aussetzen!

Andalusit

Weitere Bezeichnungen: Kreuzstein, Chiastolith.

Farbe: bräunliche Kristalle mit kreuzartigem Querschnitt.

Chemische Zusammensetzung: $Al_2[O/SiO_4]$ + C, Ca, Cr, Fe, K, Mg, Mn, Ti

Härte: 6 bis 7,5

Handelsübliche Formen: als Schmuck, Roh- und Trommelstein zu verwenden.

Heilwirkungen

▶ Hilft bei Muskel- und Nervenlähmungen.

▶ Wirkt heilend bei rheumatischen Erkrankungen wie Arthritis, Gicht und Gelenkentzündungen.

▶ Wirkt bei Schlafstörungen.

▶ Ist bei Kindern gut gegen Rachitis.

▶ Ist ein idealer Stein für pubertierende Teenager, weil er die Abnabelung und Eigenständigkeit fördert.

Andalusit
Fundorte: *USA, Brasilien, Frankreich, Schweden, Spanien.*

Sternkreiszeichen
Der Andalusit ist keinem besonderen Sternkreiszeichen zugewiesen.
Chakra
Milzchakra und Solarplexus.

Anwendung und Pflege: Der Stein sollte direkt auf der Haut bzw. in der Hand getragen werden. Gereinigt und entladen wird der Stein zweimal monatlich unter fließend lauwarmem Wasser, aufgeladen bei zweistündiger Lagerung in der Sonne in einer Bergkristallgruppe. Wird der Stein trüb, sollte man ihn über Nacht in ein Gefäß mit Wasser und einigen Hämatittrommelsteinen legen.

Apatit

Farbe: blauviolett, aber auch weiß, gelbrosa und grün.

Chemische Zusammensetzung: $Ca_5 [(F, Cl, OH)/(PO_4)_3] +$ Mg, Mn, Si, Sr

Härte: 5; da es ein ziemlich weicher Stein ist, muss er oft durch die Ritzprobe von anderen Mineralien unterschieden werden, die ähnlich aussehen (Amethyst, Beryll).

Kristallisation: Er gehört zu den Phosphatmineralien und kristallisiert meist opak (dumpf, undurchsichtig). Sein Kristallsystem ist hexagonal, dicktafelig und flächenreich.

Handelsübliche Formen: Da der Stein sehr weich ist, eignet er sich kaum zur Herstellung von Schmuck.

Geschichte und Legende: Der Name rührt vom griechischen »apatao« (= täuschen) her, da er eben sehr lange mit anderen Steinen verwechselt wurde.

Heilwirkungen

▶ Mobilisiert Energiereserven für die Bildung von Knochen, Zellen und Zähnen.

▶ Aufgelegt, wirkt der Stein bei Entzündungen der Augen.

▶ Hilft gegen Antriebslosigkeit (eventuell in Kombination mit Carneol) und daraus resultierender Aggressivität.

▶ Hilft bei depressiven Anwandlungen.

Anwendung und Pflege: Um Apatitwasser zu erhalten, soll der Stein zwölf Stunden in abgedecktem Mineralwasser ruhen. Einmal wöchentlich unter fließend warmem Wasser entladen; zum Aufladen in die Sonne legen.

Apatit
Fundorte: *Sri Lanka, Burma, Indien, Kanada, Mexiko, Brasilien.*

Sternkreiszeichen
Der Apatit ist der Stein des Schützen.
Chakra
Kehlchakra.

Apophyllit

Weitere Bezeichnung: Fischaugenstein.
Farbe: hellgrün bis smaragdgrün, weiß und rosa, durchscheinend.
Chemische Zusammensetzung: $KCa_4 [F/(Si_4O_{10})_2] 8 H_2O$
Härte: 4,5 bis 5
Handelsübliche Formen: meist nur als Kristallgruppe oder Rohstein erhältlich.
Heilwirkungen
▶ Hilft bei Atemwegserkrankungen bis hin zu Asthma.
▶ Er wirkt gut bei Hauterkrankungen und Allergien.
▶ Er lindert Lähmungen und starke Schmerzen.
▶ Beruhigt bei belastenden Gedanken und Ängsten.
Anwendung und Pflege: Gereinigt und entladen wird der Apophyllit unter fließend lauwarmem Wasser; aufgeladen bei Sonne in einer Bergkristallgruppe.

Apophyllit
Fundorte: *Island, Norwegen, Indien und Brasilien.*

Aquamarin

Farbe: hellblau durchscheinend; das Blau ist umso leuchtender, unter je blauerem Himmel er getragen wird.
Chemische Zusammensetzung: $Al_2Be_3 (Si_6O_{18}) + K, Li, Na +$ (Fe)
Härte: 7,5 bis 8
Kristallisation: Er kristallisiert in sechsseitigen Prismen und verdankt seine Farbe Eisenbeimischungen.
Handelsübliche Formen: als Anhänger oder Fingerring gefasst; als Halskette; selten als Handschmeichler.
Geschichte und Legende: Als »keuschester« aller Edelsteine war der Aquamarin im Mittelalter der Stein der Jungfrau Maria, deren Statuen oft mit ihm geschmückt wurden. Eine andere Legende besagt, er stamme aus dem Schatzkästlein einer Melusine, einer Meerjungfrau (aqua maris = Wasser des Meeres) und bereite reine Liebe. Durch heller und dunkler

Sternkreiszeichen
Der Apophyllit ist dem Zwilling zugeordnet.
Chakra
Herzchakra.

werdende Wandlung soll er wahr und falsch anzeigen und somit auch vor falschen Freunden warnen, wenn er fast weißlich wird.

Heilwirkungen

▶ Es ist ein ausgleichender und zugleich anregender Stein für Lymphbahnen und Blut.

▶ Über die Stärkung des Immunsystems hilft der getragene Stein gegen alle Erkältungskrankheiten.

▶ Aufgelegt auf das Halschakra hilft er gegen Angina.

▶ Bei chronisch wiederkehrender Mandelentzündung ist eine Kette aus kleinen Steinen gemeinsam mit Türkis, Sodalith, Chalcedon und blauem Topas über längere Zeit zu tragen.

▶ Positive Wirkung bei Problemen mit den Stimmbändern und bei Sprachstörungen.

▶ Er ist ein Schutzstein gegen Seekrankheit; tragen Sie ihn bei Reisen stets bei sich.

▶ Bei Allergien soll ein größerer Aquamarin über Nacht mit Wasser bedeckt werden, um die Haut am nächsten Morgen damit zu waschen, ohne kräftig zu reiben.

▶ Für die Augen: abends eine halbe Stunde auf die geschlossenen Lider legen.

▶ Der Aquamarin klärt Verwirrung und fördert das Bedürfnis nach Ordnung – im Leben, Denken und Fühlen.

▶ Bringt Ruhe und Entspannung.

Anwendung und Pflege: Der Stein soll möglichst ununterbrochen direkt am Körper getragen werden. Zum Entladen täglich kurz unter fließendes Wasser halten; zum Aufladen einmal wöchentlich in einer Schale mit trockenen Aquamarintrommelsteinen eine Stunde in die Sonne stellen.

Aventurin

Farbe: hellgrün durchschimmernd, manchmal mit glitzernden Einlagerungen von Chromglimmer, die ihm seine Farbe verleihen.

Chemische Zusammensetzung: SiO_2 + KAl_2 [(OH, F)$_2$/ $AlSi_3O_{10}$] + (Cr)

Härte: 7

Kristallisation: Aventurin ist ein derber Quarz mit trigonalem Kristallsystem.

Handelsübliche Formen: roh zum Aufstellen, poliert zum Auflegen oder als Handschmeichler, geschliffen als Schmuck.

Geschichte und Legende: Bei den alten Griechen wurde den Kriegern ein Aventurin in die Kleidung genäht, um ihren Mut, Ehrgeiz und Optimismus zu erhalten. Selbst Humor und Heiterkeit sagt man seinem Einfluss nach. Er soll die Menschenkenntnis unterstützen und helfen, gute Freunde von falschen zu unterscheiden.

Aventurin
Fundorte: *Brasilien, Ural, Sibirien und Indien.*

Heilwirkungen

▶ Das Regen- oder Quellwasser, in das der Stein über Nacht eingelegt wurde, klärt Hautverunreinigungen, namentlich Akne.

▶ Er hilft auch bei Schuppen und Haarausfall: das Wasser zum Haarewaschen benutzen.

▶ Das Aventurinwasser fördert die Durchblutung und Regeneration der Haut. Idealerweise in Kombination mit geriebenem Speckstein anwenden.

▶ Auch überanstrengte Augen können mit Aventurinwasser gebessert werden.

▶ Als aufgelegtes Amulett wirkt der Stein schmerzlindernd.

▶ Der Stein kann Angstzustände vertreiben, wenn man ihn in Form einer Kette trägt.

▶ Er fördert Entspannung und Erholung.

Anwendung und Pflege: Der Stein soll entweder längere Zeit getragen werden oder – bei akuten Beschwerden – mit Leukoplast auf die betreffende Körperstelle aufgeklebt werden. Einmal monatlich unter fließendem Wasser entladen und von der Sonne wieder aufladen lassen.

Sternkreiszeichen
Aventurin ist vor allem dem Sternkreiszeichen Krebs zugeordnet. Er ist aber auch ein Stein für Stier und Schütze.
Chakra
Herzchakra.

Azurit

Farbe: dunkelblau.
Chemische Zusammensetzung: $Cu_3 [(OH)_2/(CO_3)_2]$
Härte: 3,5 bis 4
Handelsübliche Formen: als Rohstein, Handschmeichler, Kugeln, aber nur selten als Schmuck erhältlich.
Heilwirkungen
▶ Der Stein regt die Lebertätigkeit an und entgiftet damit den Organismus.
▶ Positive Wirkung auf die Schilddrüse und andere Drüsen.
▶ Er erleichtert Entscheidungsprozesse, weil er seinen Träger kritisch werden lässt und Erkenntnisse fördert.
▶ Er schärft auch den Gerechtigkeitssinn.
Anwendung und Pflege: den trockenen Stein einmal im Monat über Nacht in eine Schale mit Hämatittrommelsteinen legen. Dieser energiereiche Stein muss nicht aufgeladen werden.

Bergkristall

Farbe: klar bis weiß und durchsichtig.
Chemische Zusammensetzung: SiO_2
Härte: 7
Kristallisation: Aus reinem Siliziumoxid und Sauerstoff kristallisiert dieser Quarz trigonal. Es gibt männliche (oben spitze) und weibliche (oben breite) Kristallformen.
Handelsübliche Formen: Ein kleiner, möglichst regelmäßiger Kristall ist das beste Pendel. Kleine Zapfen werden als Handschmeichler für die Hosentasche benutzt; poliert oder geschliffen als Schmuck; kleinere und größere Gruppen zum Aufstellen (bauen ein gutes, starkes Energiefeld auf).
Geschichte und Legende: Von der Antike bis ins Mittelalter zieht sich der Irrglaube, der Bergkristall sei versteinertes, klares Eis (»crystallos«). Da es ihn immer und überall gege-

ben hat, ranken sich endlose Mythen und Geschichten um den Bergkristall. Die Bergvölker der Erde glaubten Götter und Geister in Palästen aus Bergkristall. Kaiser Augustus weihte den damals größten bekannten Stein auf dem Kapitol einer Gottheit. Indianer legen den »heiligen Stein« bis heute Neugeborenen in die Wiege. Buddhisten suchen in der Meditation über diesem Stein Erleuchtung, und die Kugel weissagender Frauen ist von alters her als Bergkristall beschrieben und dargestellt. Da er Durst löschen soll, hat Nero einst seinen Wein aus Bergkristallpokalen getrunken.

Heilwirkungen

▶ Er belebt gefühllose, kalte, gelähmte Körperteile.

▶ Kleinere Blutungen sollen aufhören.

▶ Brandblasen sollen durch seine Kühle verschwinden, dabei richtet die Pyramidenform eines Kristalls besonders stark gebündelte Kraft auf den gewünschten Punkt.

▶ Er stärkt die Sehkraft. Bei grünem und grauem Star: regelmäßig dreimal täglich auf die Augen legen.

▶ Der Kristall wirkt bei Entzündungen und kann bei Migräne gute Dienste leisten (auflegen).

▶ Bergkristall wirkt allgemein kräftigend, besonders bei Bandscheibenschwäche (den Kristall tragen und bei Rotlichtbestrahlung 20 Minuten im Rücken auflegen) und bei Herz-Kreislauf-Beschwerden. Idealerweise zusammen mit Hämatit, Jade und Topas tragen.

▶ Er fördert Ausgeglichenheit und Gerechtigkeitssinn.

▶ Eine kleine Kette beruhigt in hektischen Augenblicken.

▶ Seine positive Energie hilft, seelische Blockaden zu lösen.

Anwendung und Pflege: Als Druse im Zimmer stehend verstärkt der Bergkristall die Wirkung aller anderen Steine. Je größer der Stein ist, umso mehr Kraft entfaltet er. Bergkristallketten über Nacht stets in einer Schale mit trockenen Hämatittrommelsteinen aufbewahren. Zum Aufladen in die Sonne legen.

Bergkristall
Fundorte: *weltweit.*

Sternkreiszeichen
Bergkristall ist der Stein des Löwen. Er macht klarsichtig.
Chakra
Wirkt klärend über alle Chakras.

Bernstein

Bernstein
Fundorte: *Die Fundorte des »Goldes der Ostsee« liegen an der baltischen Küste, in Litauen, Polen, Deutschland. In der Dominikanischen Republik hat der Bernstein ein anderes Farbspiel.*

Farbe: hellgelb bis rötlich braun, auch weiß, blau, grünlich.
Chemische Zusammensetzung: 75 % C, 10 % H, 15 % O + S
Härte: 2 bis 2,5
Kristallisation: Bernstein ist das fossile Harz der Bernsteinkiefer, das während 50 Millionen Jahren versteinerte, er ist also organischen Ursprungs, kein Mineral. Er ist von amorpher Form, meist knollig; ohne innere Kristallisation.
Handelsübliche Formen: In den Fundstücken hat man bis zu 3000 verschiedene Einschlüsse gefunden, von Käfern und Fliegen über Spinnen bis zu Wassertropfen, die vor Urzeiten am Harz hängen blieben und mit ihm versteinerten. Solche Stücke werden – wie gefunden – zu Schmuck verarbeitet oder als Handschmeichler angeboten. Andere Stücke werden zu Perlen »gemugelt« (weich geschliffen). Für Herren werden längere Ketten aus kleinen Bernsteinstückchen aufgefädelt, die unbemerkt und ohne zu stören unter dem Hemd getragen werden.

Manchmal werden viele unbedeutende, kleine Stückchen geschmolzen und zu »Pressbernstein« neu geformt. Auf dem Markt sind leider auch viele Imitationen, die aus jungem Baumharz gewonnen sind, diese Imitate heißen Kopal.
Geschichte und Legende: Die Griechen nannten ihn elektron = sonnengolden. Das Wort »Elektrizität« leitet sich von »elektron« ab, da der Stein sich durch Reiben mit statischer Elektrizität auflädt. Schon Theophrast hat diese Eigenschaft des Bernsteins beschrieben. Sein deutscher Name stammt vom Niederdeutschen »bernen« (= brennen), denn der Stein ist entflammbar. Da er offen liegend gefunden und seit Jahrtausenden ohne großen Aufwand genutzt werden kann, hat der Bernstein kaum mystische Bezüge. Dafür wird er von keinem anderen Stein in den Möglichkeiten der Nutzanwendung übertroffen.

Sternkreiszeichen
Bernstein ist der Stein des Zwillings, bringt Sonne und Optimismus in sein Leben.
Chakra
Sonnengeflecht.

Heilwirkungen

▶ Hilft gegen einen Abszess: über Nacht mit Heftpflaster aufkleben und tagsüber tragen.

▶ Auflegen bei Furunkeln: solange der Furunkel nicht offen ist, auch über Nacht mit Heftpflaster aufkleben.

▶ Hilfreich bei akuter Flechte.

▶ Direkt auf der Haut getragen und in Kombination mit anderen Steinen, die das Immunsystem stärken, kann Bernstein möglicherweise bei HIV-Erkrankungen hilfreich wirken.

▶ Hilft als Handschmeichler und Schmuck gegen Allergien.

▶ Kann als ergänzende Therapie bei Psoriasis (Schuppenflechte) eingesetzt werden (tragen).

▶ Positive Wirkung bei Arthritis und Arthrose.

▶ Gut bei Ischiasbeschwerden und Hexenschuss: kleine Stücke oder flache kleine Kette mit Heftpflaster an der Stelle aufkleben, wo der Ischiasnerv aus der Wirbelsäule tritt.

▶ Getragen hilft der Stein bei Gicht (eventuell in Verbindung mit Türkis), zusätzlich morgens nüchtern Diamant- oder Topaswasser trinken, wobei der Diamant mindestens zwölf Stunden im Wasser geruht haben muss.

▶ Hilft bei Asthma und Atembeschwerden.

▶ Gegen Bronchitis: tragen und zusätzlich abends eine Pyritsonne auf dem Brustbein auflegen.

▶ Zusammen mit Hämatit und Chalcedon hilft er bei müden und angeschwollenen Beinen (als Mischkette tragen).

▶ Als nicht zu eng anliegendes Beinband aus flachen Steinen zusammen mit Hämatit und Chalcedon hilft er gegen Krampfadern. Ergänzend Hämatitwasser trinken.

▶ Hilft gegen Durchblutungsstörungen.

▶ Wirkt fiebersenkend (auf der Haut getragen).

▶ Als Kette ausgezeichnete Erfolge gegen Kopfschmerzen. Der bewährteste Stein gegen chronisch wiederkehrende Migräne: über längere Zeit andauernd tragen (als flache, kurze Kette, die auch nachts nicht stört, direkt auf der Haut).

Bernstein ist einer der wichtigsten und stärksten Heilsteine, vielleicht weil er seine noch »junge« Kraft leichter freigibt. Seit 7000 Jahren wird er von Menschen gegen alle stoffwechselbedingten Hautstörungen eingesetzt. Wichtig ist, dass der Stein viel und lange getragen wird.

▶ Kann bei Lähmungserscheinungen (z. B. nach einem Schlaganfall) hilfreich sein: eine Kette nachts tragen, tagsüber durch eine Turmalinkette ersetzen.

▶ Kann das Herz bei Insuffizienz (Schwäche) stützen.

▶ Eine Kette mildert die Beschwerden, die von einem Heuschnupfen herrühren: ab Januar bis Ende Juli tragen.

▶ Hilft oft bei Leberproblemen (auflegen).

▶ Hilfreich bei Neigung zu Entzündungen der Zähne: regelmäßig mit Bernsteinwasser spülen.

▶ Einer Bernsteinkette (mit einigen Turmalinen dazwischen) wird Kraft gegen Nervenentzündungen nachgesagt.

▶ Wirkt in Verbindung mit Türkis gegen rheumatische Erkrankungen.

▶ Hilft (mit Obsidian) gegen Rückenschmerzen.

▶ Der Seele verhilft der Stein zu mehr Lebensfreude.

Anwendung und Pflege: Bernstein soll möglichst häufig in direktem Hautkontakt getragen werden; unter fließend lauwarmem Wasser entladen, wenn man bemerkt, dass er sich beim Tragen nur langsam erwärmt.

Beryll
Fundorte: *Brasilien, Madagaskar, Pakistan, GUS.*

Beryll

Farbe: farblos, goldgelb, gelbgrün.

Chemische Zusammensetzung: $Al_2Be_3(Si_6O_{18})$ + Fe, K, Li, Mn, Na

Härte: 7,5 bis 8

Kristallisation: sechsseitige Säulenprismen, die ihre Farbe von Fremdstoffen erhalten, durch Eisen gelb und gold. Sind sie bläulich gefärbt, spricht man von Heliodor.

Handelsübliche Formen: roh für die Hand, für die Hosentasche und zum Auflegen, geschliffen und gefasst als Schmuck.

Geschichte und Legende: Aus Mesopotamien kommend, wurde der Beryll von den Juden als magisch verehrt. Er sollte eines Tages an der achten Stelle der Mauern des neuen Je-

Sternkreiszeichen
Der Beryll ist der Stein des Zwillings.
Chakra
Eignet sich zum Öffnen aller Chakras.

rusalem stehen. Die Griechen nutzten die Brechungsfunktion des Berylls, um die ersten »Brillen« zu fertigen. Zur Zeit Neros fand man auf Elba weiße Berylle, die – geschliffen – zu begehrten Augengläsern wurden. Nero selbst hat ein solches benutzt, um die Gladiatorenkämpfe besser beobachten zu können.

Heilwirkungen

▶ Gegen Augenleiden; abends den Stein direkt auf die geschlossenen Augen legen.

▶ Hilft gegen alle im Halsbereich angelegten Störungen.

▶ Alle Symptome, die durch Dauerstress entstehen, werden entkrampft und gebessert.

▶ Wirkt gegen Allergien und Heuschnupfen.

▶ Auf das Halschakra aufgelegt, wirkt Beryll bei Angina.

▶ Trägt zur Regulierung des Magen-Darm-Trakts bei.

▶ Beruhigt Reisefieber: schon zwei Tage vor Abfahrt den Stein bei sich führen. Während der Reise selbst am besten einen Cyanit als Handschmeichler tragen.

▶ Hilft bei Verstopfungen (tragen) und Durchfall (mehrmals täglich Beryllwasser trinken).

▶ Tröstet bei Heimweh und hilft bei Trennung.

▶ Verstärkt den Charme und die erotischen Gefühle.

Anwendung und Pflege: über Nacht stets in einer Schale mit trockenen Hämatittrommelsteinen aufbewahren; entladen unter leichtem Reiben in fließend warmem Wasser.

Biotit und Biotitlinse
Fundorte: *Brasilien, USA, Australien, Südafrika, Russland, Norwegen.*

Biotit und Biotitlinse

Farbe: schwarz mit silbrig grauem Glimmer.

Chemische Zusammensetzung: $K (Fe, Mg, Mn)_3 [(OH, F)_2 AlSi_3 O_{10}]$

Härte: 2 bis 2,5

Handelsübliche Formen: nur im Fachhandel erhältlich und dort meistens dünne Scheiben von ihm, die für die Hosentasche oder das Auflegen auf Chakras geeignet sind.

Sternkreiszeichen
Biotit und Biotitlinse sind keinem besonderen Sternkreiszeichen zugeordnet.
Chakra
Nabel-, Stirn- und Wurzelchakra.

Heilwirkungen

▶ Das aus diesem Stein gewonnene Wasser ist verdauungsfördernd und unterstützt die Entgiftung des Körpers.

▶ Wirkt schmerzlindernd bei Ischiasbeschwerden, rheumatischen Erkrankungen und Gicht (auflegen).

▶ Besonders beliebt ist er als Schutz- und Kraftstein während der Geburt. Er kann dabei entweder auf das Schambein aufgelegt werden oder aber in der Hand der Gebärenden Kraft vermitteln.

▶ Fördert Intuition und Kreativität.

Anwendung und Pflege: Entladen wird der Stein in regelmäßigen Abständen unter fließend lauwarmem Wasser. Mehrere Stunden unter direkter Sonneneinstrahlung geben ihm die alte Energie zurück.

Boji-Steine

Farbe: metallisch grau.

Chemische Zusammensetzung: $FeS_2 + FeOOH + H_2O$

Härte: 7,4 (obwohl die Metalle alle weicher sind)

Handelsübliche Formen: Der weibliche Stein ist glatt und rund, der männliche zeigt deutliche kantige Spuren von den in ihm enthaltenen kubischen Pyritkristallen. Beide Steine sollten zusammen angewendet werden.

Heilwirkungen

▶ Keine konkreten Indikationen bei akuten Beschwerden.

▶ Der männliche Stein in der einen, der weibliche in der anderen Hand sollen ein Energiefeld im Körper schaffen, das Schmerzen und Blockaden aufhebt.

▶ Mit diesem Verfahren ist der Stein auch zur Vorbeugung geeignet.

▶ Gibt positive Energie, löst seelische Blockaden.

Anwendung und Pflege: Aufgeladen werden müssen diese Energiesteine nie. Zur Reinigung wird kein Wasser benutzt. Sie werden nur mit einer Bürste abgerieben.

Boji-Steine
Fundorte: *USA.*

Sternkreiszeichen
Boji-Steine sind für alle Sternkreiszeichen geeignet.
Chakra
Für alle Chakras.

Calcit

Weitere Bezeichnung: Kalkspat.

Farbe: ganz unterschiedliche Färbung: gelb, orange, rosa, braun, grün, blau, durchscheinend.

Chemische Zusammensetzung: $CaCO_3$ + Fe, Mn + (Co, Pb)

Härte: 3

Handelsübliche Formen: Der Calcit wird als Trommelstein, Anhänger oder Pulver angewendet.

Heilwirkungen

▶ Juckende, entzündete, eiternde Haut kann mit einer Salbe aus Fett (z. B. Vaseline) und geriebenem Calcit bestrichen und geheilt werden.

▶ Symbolisiert innere Klärung und geistiges Wachstum.

Anwendung und Pflege: Gereinigt und entladen wird der Stein einmal monatlich unter fließend lauwarmem Wasser, aufgeladen über Nacht in einer Bergkristallgruppe.

Calcit
Fundorte: *Weltweit, besondere Farbvarietäten in einzelnen Ländern.*

Carneol

Weitere Bezeichnung: Karneol.

Farbe: gelb, orange, rot, braun und alle Zwischentöne.

Chemische Zusammensetzung: SiO_2 + (Fe, O, OH)

Härte: 6,5 bis 7

Kristallisation: ein Quarz, der faserig trigonal auskristallisiert und seine Farbe dem Eisen verdankt. Er gehört zu den Chalcedonen.

Handelsübliche Formen: poliert als Handschmeichler, zum Auflegen und für das Wasserrezept; geschliffen als Ziergegenstand oder Schmuck.

Geschichte und Legende: Er ist einer der ältesten Schmuck- und Kraftsteine der Geschichte. Sein Name rührt vom lateinischen »corneolus« (= Kirsche) her. Im alten Ägypten diente er nicht nur – prachtvoll geschliffen – als wertvoller Schmuck, sondern man trug ihn als energiespendenden

Sternkreiszeichen
Der grüne Calcit wird dem Steinbock zugeordnet.
Chakra
Der blaue Stein ist dem Kehlchakra, der grüne und rosa dem Herzchakra und der rotbraune dem Solarplexus zugewiesen.

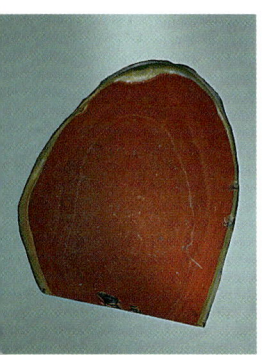

Carneol
Fundorte: *Brasilien,*
Uruguay, Indien, USA,
Südafrika, Australien.

Stein bei sich, um alle Lebenskräfte stets zu erneuern. In die Gräber wurde er als »magische Rüstung« für das Leben nach dem Tod mitgegeben (Ägyptisches Totenbuch). Im Mittelalter beschreibt Hildegard von Bingen die Wirkungen des Carneols, die wohl weitgehend einfach optisch von seiner Farbe abgeleitet wurden: »Wenn jemandem Blut aus der Nase fließt, erwärme er Wein und lege Carneol hinein; gib es ihm zu trinken, und das Blut wird aufhören zu fließen.«

Heilwirkungen: Der Carneol wird sehr vielfältig gebraucht:

▶ Die Blutbildung und Durchblutung, aber auch alle Blutungen sprechen auf Carneol an.

▶ Bei Zahnfleischbluten mit Carneolwasser spülen.

▶ Wird das Wasser getrunken, strafft es über den Kreislauf von innen die Haut.

▶ Wenn man ihn auflegt, hilft er bei schmerzhaften Verdauungsproblemen (auch in Verbindung mit rotbraunem Jaspis).

▶ Kann bei Regelschmerzen hilfreich sein (auflegen).

▶ Sofort auf Brandblasen auflegen.

▶ Schon während der Schwangerschaft sollte die werdende Mutter stets Carneol, Jade und Malachit bei sich tragen.

▶ Auch während der Entbindung kräftigt der Carneol die Unterleibsfunktionen, während Jade Blutverlust eindämmt.

▶ Hilfreich bei Eierstockentzündung: jeden Abend auf beide Eierstöcke für 20 Minuten auflegen.

▶ Wirkt stabilisierend auf den Kreislauf.

▶ Carneolwasser kann bei Reizungen und Entzündungen in Magen und Darm hilfreich sein (ein Glas über den Tag verteilt trinken).

▶ Hilft gegen Myome (auflegen, eventuell in Kombination mit schwarzem Turmalin). Zusätzlich einen Sarder über längere Zeit aufkleben – die Myome trocknen langsam ein.

▶ Wirkt gegen Zysten: über Nacht mit Heftpflaster aufkleben (auch in Kombination mit schwarzem Turmalin).

▶ Der Stein gibt Vitalität und Lebensfreude.

Anwendung und Pflege: Der Carneol soll einmal monatlich unter fließend lauwarmem Wasser entladen und in der Sonne wieder aufgeladen werden, wobei er ruhig lange in der Sonne liegen kann; möglichst mit Hautkontakt tragen; Carneolwasser über Nacht in einem Glas herstellen.

Chalcedon

Farbe: fast weiß bis hellblau und taubenblau, oft mit Streifen gebändert, es gibt ihn auch rosa, rot und kupferfarben.

Chemische Zusammensetzung: SiO_2 + (Fe, Mn, MnO_2, Cu)

Härte: 7

Kristallisation: in faserigen Aggregaten trigonal kristallisiertes Quarzoxid.

Handelsübliche Formen: poliert für die Hand, die Tasche, zum Auflegen; als Schmuck, als Lagenstein.

Geschichte und Legende: Der Name dürfte von der Stadt Chalcedon am Bosporus stammen, wo die ersten Fundstellen überliefert sind. Im Altertum wurden bereits die beliebten Gemmen aus dem Chalcedon geschnitten, oft mit Figuren oder Zeichen für Luft- und Wassergötter und -geister, denn der Chalcedon war der Stein des Wetters und – therapeutisch – gegen witterungsbedingte Störungen. Außerdem gilt er seit damals als der Stein der Redner. Demosthenes soll einen solchen in den Mund genommen haben, als er am Strand der Ägäis stand und gegen das Rauschen des Meeres klar und laut zu sprechen übte.

Heilwirkungen

▶ Der beste Stein für den Hals: gegen fiebrige Infekte und alle Entzündungen, vor deren Ansteckung er auch schützt.

▶ Gegen Heiserkeit: Chalcedonwasser mit einer Prise Salz aufkochen.

▶ Bei chronisch wiederkehrender Mandelentzündung eine Kette aus kleinen Steinen zusammen mit Türkis, Sodalith, Aquamarin und blauem Topas über längere Zeit tragen.

Chalcedon
Fundorte: *Der schöne leuchtend blaue Chalcedon wird eigentlich nur in Namibia gefunden, allerdings sind die Abbaustellen fast erschöpft, d. h., dass der Stein im Wert steigt. Lange nicht so schön sind die Steine aus Brasilien, Uruguay, Indien, Madagaskar und den USA.*

Sternkreiszeichen
Chalcedon ist Glücksstein für den Krebs, Schutzstein für den Schützen.
Chakra
Kehlchakra.

Chrysoberyll
Fundorte: *Brasilien, Sri Lanka, Madagaskar. Handelsübliche Formen: Kostbar geschliffen und gefasst, ähnlich dem Diamanten.*

Sternkreiszeichen
Chrysoberyll ist dem Sternkreiszeichen des Löwen zugeordnet.
Chakra
Solarplexus und Herzchakra.

▶ Chalcedon wirkt ausgleichend auf die Schilddrüse.
▶ Er wird empfohlen bei Problemen mit den Stimmbändern und bei Sprachstörungen.
▶ Er verschafft jungen Müttern genug Milch zum Stillen und behütet sie vor Brustentzündung.
▶ Als nicht zu eng anliegendes Beinband aus flachen Steinen in Kombination mit Hämatit und Bernstein wirkt der Stein bei müden und angeschwollenen Beinen und gegen Krampfadern. Ergänzend Hämatitwasser trinken und bei Schmerzen Hämatit auflegen (Beine hochlegen).
▶ Bekämpft Alp- und Angstträume.
▶ Stärkt das Selbstvertrauen, idealerweise in Verbindung mit Gold (z. B. Chalcedon in Gold gefasst).

Anwendung und Pflege: Der Chalcedon soll einmal monatlich unter fließend lauwarmem Wasser entladen und zum Aufladen möglichst über Nacht in eine Amethystdruse gelegt werden. Elixier stellt man her, indem Bergkristall und Chalcedon in 0,3 Liter Wasser über Nacht ziehen.

Chrysoberyll

Weitere Bezeichnung: Katzenauge.
Farbe: golden bis gelbgrün.
Chemische Zusammensetzung: Al_2BeO_4 + Cr, Ti
Härte: 8,5
Kristallisation: Er wird fälschlicherweise der Familie der Berylle zugerechnet, ist jedoch ein eigenständiges Mineral. Er ist ein Kupfersilikat von rhombischem Kristallsystem, das durchscheinend kristallisiert. Ist in der Kristallisation Chrom enthalten, spricht man von einem Alexandrit.
Geschichte und Legende: Man sagt, der Chrysoberyll bringe Wohlstand, aber zutreffend ist wohl eher, dass im Wohlstand lebt, wer sich den teuren Chrysoberyll leisten kann. Begehrt ist vor allem das Chrysoberyll-Katzenauge, seit je Schutzstein gegen den bösen Blick und schwarze Magie.

Heilwirkungen

▶ Schärft die Sehkraft (→ Beryll), bewahrt das Sehzentrum im Gehirn, wirkt gegen Schielen und alle Arten von Augenentzündungen. Das Katzenauge soll sogar Erblindungen entgegenwirken.

▶ Ein Chrysoberyllanhänger schenkt über das Nervensystem Wohlbefinden.

▶ Nimmt negative Gedanken, macht klar und weitsichtig.

▶ Hält unangemessenen Pessimismus in Schach.

Anwendung und Pflege: Der Chrysoberyll soll viel getragen werden, wobei kein direkter Hautkontakt erforderlich ist. Nach therapeutischem Benutzen sofort unter fließendem Wasser entladen! Zum Aufladen nicht länger als eine halbe Stunde in die Sonne legen.

Chrysokoll

Weitere Bezeichnungen: Kieselkupfer, Kieselmalachit.
Farbe: türkisblau bis grün.
Chemische Zusammensetzung: $CuSiO_3$ $2 H_2O$ + Al, Fe, P
Härte: 2 bis 4, je nach Fundort.
Kristallisation: Es handelt sich um ein undurchsichtiges Kupfersilikat, das hauptsächlich in Spalten von Kupferminen durch Wasserzutritt oxidiert.
Handelsübliche Formen: poliert für die Hand und die Hosentasche und zum Auflegen, oval oder rund gemugelt zu Schmuck oder roh zum Aufstellen.
Geschichte und Legende: Weltweit und seit Jahrtausenden ist der Chrysokoll der Stein des Ausgleichs, der Beruhigung. Schon die Ägypter nannten ihn einen weisen Stein, weil er den, der ihn trägt, zu klugen Kompromissen bringe und vor seelischen Verletzungen bewahre. Jähzornige Naturen sollen unter seinem Einfluss sensibel und tolerant werden. Zu diesem Zweck jedenfalls soll Kleopatra stets einen Chrysokoll bei sich getragen haben.

Chrysokoll
Fundorte: *Chile, USA, GUS, Südafrika und Israel.*

Sternkreiszeichen
Chrysokoll ist den Sternkreiszeichen Stier und Krebs, aber auch Wassermann und Waage zugeordnet.
Chakra
Halschakra.

Heilwirkungen

▶ Auf das Herz- und/oder Stirnchakra aufgelegt, wirkt er kühlend und fiebersenkend.

▶ Erfrischend wird die Wirkung bei Halsentzündung beschrieben, wenn Chrysokollwasser in kleinen Schlucken getrunken oder der Stein als Kette getragen wird.

▶ Auf kleine Brandstellen soll sofort ein Stein gelegt werden, um Blasenbildung zu verhindern.

▶ Überreizte Nerven werden beruhigt.

▶ Verhilft Kindern zu gutem Knochenaufbau und Wachstum: einen Chrysokollanhänger direkt auf der Haut tragen.

▶ Der Stein wirkt in seiner weichen Art überhaupt besonders gut auf Kinder.

▶ Beruhigt bei Stress und Überspannung.

▶ Mindert Zorn und Hass.

Anwendung und Pflege: Der Chrysokoll ist besonders wirksam als Handschmeichler in der Tasche; einmal monatlich soll er unter fließend warmem Wasser entladen und danach über Nacht in einer Schale mit Hämatittrommelsteinen aufgeladen werden.

Chrysopras
Fundorte:
Queensland in
Australien, Brasilien,
Indien, Südafrika,
Polen.

Chrysopras

Sternkreiszeichen *Chrysopras ist ein wichtiger Stein für den Krebs, um Gleichgewicht zwischen Unterbewusstsein und Bewusstsein zu finden.* *Chakra* *Herzchakra.*

Farbe: apfelgrün und durchscheinend, aber selten ganz klar.

Chemische Zusammensetzung: SiO_2 + (Ni)

Härte: 6,5 bis 7

Kristallisation: ein mikrokristalliner Quarz der Chalcedonfamilie, der einem Nickelsilikat seine Farbe verdankt und der in Verwitterungslagerstätten in Spalten wächst.

Handelsübliche Formen: poliert für Hand und Tasche, roh zum Aufstellen, geschliffen als Schmuck.

Geschichte und Legende: Er gehörte zu den wertvollsten und am meisten geschätzten Steinen des Mittelalters. Als magischer Stein sollte er bei Halbmond nachts im Freien aufgeladen werden, um zu stabiler Gesundheit und guter

Ehe zu verhelfen, wobei mehr die seelische als die körperliche Liebe gemeint war. Da große Fundplätze im 14. Jahrhundert in Schlesien abgebaut wurden, verwandte man für die berühmt gewordene Ausschmückung der Wenzelkapelle des Doms in Prag viel kostbaren Chrysopras.

Heilwirkungen

▶ Chrysopras gibt dem müden und kranken Herz Ruhe und Harmonie, im körperlichen und übertragenen Sinne.

▶ Er ist der Stein gegen Hypertonie (hohen Blutdruck).

▶ Er kräftigt das Herz z. B. bei einer Insuffizienz.

▶ Er wirkt anregend und stabilisierend auf sämtliche Drüsenfunktionen (möglichst in Verbindung mit Sodalith).

▶ Chrysopraswasser hilft bei Erkrankungen der männlichen oder weiblichen Fortpflanzungsorgane; es steigert Potenz und Fruchtbarkeit.

▶ Der Stein unterstützt das Bedürfnis nach Harmonie

Anwendung und Pflege: Der Stein muss zu Therapiezwecken lange Zeit getragen oder aufgelegt werden. Vor jedem Gebrauch soll er kurz unter fließendem Wasser entladen werden; zum Aufladen alle zwei Wochen über Nacht in eine Bergkristallgruppe legen.

Citrin
Fundorte: *Brasilien, USA, GUS, Madagaskar, Spanien und Frankreich.*

Citrin

Farbe: zitronengelb bis goldbraun, durchsichtig; künstlich wird diese Farbe durch Brennen von Amethyst oder Rauchquarz erreicht, die weit häufiger zu finden sind; korrekt sollten diese Steine dann als Goldtopas oder Madeiratopas bezeichnet werden.

Chemische Zusammensetzung: SiO_2 + (Al, Ca, Fe, Li, Mg, Na)

Härte: 7

Kristallisation: Der Citrin ist ein Quarzoxid, das als sechsseitiges Prisma in Graniten auskristallisiert. Der echte Citrin erhält seine Farbe durch dreiwertiges Eisen.

Sternkreiszeichen
Citrin ist den Sternkreiszeichen Zwilling und Jungfrau zugeordnet.
Chakra
Solarplexus und Wurzelchakra.

Handelsübliche Formen: poliert für Hand oder Tasche und zum Auflegen; als Schmuck.

Geschichte und Legende: Der echte Citrin war bis zum Mittelalter nicht so selten wie heute. Schon in den Legionen Cäsars war der Stein – auf der Brust getragen – als Lebensretter im Kampf verehrt. Seiner Farbe entsprechend ist er der Licht-, Sonnen- und Lebensstein, der auch über das Sonnengeflecht (Solarplexus) wirken soll.

Heilwirkungen

▶ Der Stein gehört zum Sonnengeflecht und damit zu allem, was von dort erreicht werden kann.

▶ Er stärkt Nervensystem und die Konzentrationsfähigkeit.

▶ Wegen seiner stoffwechselanregenden Funktion auch für Magen, Zwölffingerdarm und Bauchspeicheldrüse günstig.

▶ Wirkt gegen Blähungen: jeden Abend vor dem Einschlafen 20 Minuten lang auf den Solarplexus legen, zugleich rotbraunen Jaspis auf das Milzchakra.

▶ Bei leichten Formen von Diabetes: jeden Abend eine halbe Stunde auf das Sonnengeflecht legen, zugleich Moosachat auf die Bauchspeicheldrüse.

▶ Hilft bei Leberproblemen (auflegen).

▶ Kann als begleitende Therapie Suizidgedanken vertreiben (am besten als kleines Kettchen direkt auf der Haut tragen). In erster Linie ist jedoch die Hilfe eines geschulten Psychologen zu suchen.

▶ Der Stein hilft bei Trübsal, Depressionen und Stress.

Anwendung und Pflege: Unmittelbar nach dem Gebrauch soll der Citrin unter warmem Wasser entladen werden. Seine Kraft entfaltet er am besten direkt auf der Haut.

Coelestin
Fundorte: *Sizilien, Marokko, Madagaskar, sehr selten geworden.*

Sternkreiszeichen
Coelestin ist den Sternkreiszeichen Steinbock und Zwilling zugeordnet.
Chakra
Kehlchakra, Sakralchakra und Stirnchakra.

Coelestin

Farbe: weiß bis blau, durchscheinend.
Chemische Zusammensetzung: $Sr(SO_4)$
Härte: 3 bis 3,5

Handelsübliche Formen: nur als Rohstein, also Druse oder Kristall zu kaufen.

Heilwirkungen

▶ Auf das Sakralchakra gelegt, wirkt der Stein entschlackend und verdauungsfördernd.

▶ Er sorgt für Entspannung bei stressbedingten Kopfschmerzen, Überforderung und müden Augen: auf das Stirnchakra auflegen.

▶ Er Lindert Schmerzen, die durch Verspannungen entstehen, besänftigt erregte Gemüter und sorgt für Entspannung und Ausgeglichenheit.

Anwendung und Pflege: Der Coelestin soll in einer Schale mit Hämatittrommelsteinen entladen werden. Seine Spitzen müssen immer Richtung Himmel zeigen. Das nur selten nötige Aufladen übernimmt die Sonne in relativ kurzer Zeit.

Cyanit

Weitere Bezeichnung: Disthen.

Farbe: von weiß bis blau, gelegentlich auch rosa, gelbe oder grüne Streifen.

Chemische Zusammensetzung: $Al_2[O/SiO_4]$ + Ca, Cr, Fe, K, Mg, Ti

Härte: 4 bis 7

Handelsübliche Formen: Meistens sind im Handel nur Rohsteine erhältlich, denn Cyanit lässt sich nur schwer schleifen.

Heilwirkungen

▶ Er fördert das Sprechen, die Fähigkeit sich zu artikulieren und das Erlernen von Sprachen.

▶ Cyanitwasser (den Stein über Nacht im Wasser ruhen lassen) hilft gegen Halsschmerzen.

▶ Er löst Energieblockaden und aktiviert die Lebensenergie.

▶ Cyanit beruhigt und vertreibt traurige Gedanken.

▶ Als Handschmeichler während der Reise getragen, bekämpft er das Reisefieber.

Cyanit
Fundorte: *Finnland, Österreich, Schweiz, Italien, Ostafrika, Brasilien, USA.*

Sternkreiszeichen
Cyanit ist den Sternkreiszeichen Widder, Stier und Waage zugeordnet.

Chakra
Kehlchakra.

Anwendung und Pflege: Nach dem Tragen oder Auflegen soll er unter fließend warmem Wasser gereinigt werden. Dann in einer Bergkristallgruppe wieder aufladen.

Diamant

Diamant
Fundorte: Am be-
kanntesten sind die
Diamantminen in
Kimberley (Afrika), wo
mehrere hundert
Kilogramm jährlich
gefördert werden.
Aber auch in Brasilien,
Australien und
Sibirien werden
Diamanten abgebaut.

Farbe: weiß bis gelblich und bräunlich, transparent.
Chemische Zusammensetzung: C + (Al, Ca, Fe)
Härte: 10, der härteste aller Steine.
Kristallisation: Diamanten sind reiner Kohlenstoff, der in großer Tiefe in alten Vulkanröhren unter hohem Druck bei etwa 1300 °C zu Würfeln und Oktaedern kristallisierte.
Handelsübliche Formen: Ein kleines Rohstück reicht für das Nutzen der Heilkräfte, ansonsten als Industriediamant oder geschliffen (Brillant) zu Schmuck gefasst.
Geschichte und Legende: Um Diamanten ranken sich Geschichten von Ruhm und Größe, von Mord und Unglück. Diesen »König aller Steine« nennt Plinius »das wertvollste unter allen menschlichen Gütern, lange nur Königen, und zwar wenigen, bekannt«. In der Mystik des religiösen Mittelalters sprach man vom »göttlichen Glanz auf Erden«, wenn man sein »Feuer« (die enorm hohe Lichtbrechung) beschrieb. Der Name ist griechischen Ursprungs (»adamas« = unbezwingbar). In Indien steht der Diamant seit historischen Zeiten für absolute Tugend und Gerechtigkeit. Über einem Diamanten sprach der Herrscher Recht. Durch den Brillantschliff, den Louis van Berquen 1456 erfand, wurde der Diamant zum gesuchtesten und teuersten Schmuckstein weltweit. In der industriellen Fertigung ist er in seiner Eigenschaft als härtester Stein nicht mehr wegzudenken.
Heilwirkungen

Sternkreiszeichen
Der Diamant ist der
Glücksstein des
Löwen.
Chakra
Stirnchakra; wirkt
auf alle Chakras
harmonisierend.

▶ Als Stärkungsmittel bei Stress, zur Rekonvaleszenz, bei Erschöpfung: einen Rohdiamanten über Nacht in ein Glas Wasser legen und dieses am Morgen trinken. Außerdem Koralle tragen.

▶ Blockaden und Verunreinigungen werden gelöst (von Verstopfung bis Thrombose).

▶ Diamanten bei sich zu tragen, soll kräftigend und klärend auf alle Organe und Funktionen wirken.

▶ Es soll der einzige Stein sein, der gegen Geisteskrankheiten helfen kann (als »Drittes Auge« zwischen den Augenbrauen auflegen oder aufkleben).

▶ Gegen Gicht: morgens nüchtern Diamantwasser trinken. Der Stein muss mindestens zwölf Stunden im Wasser geruht haben. Außerdem stets Bernstein oder Türkis tragen.

▶ Ein Diamant verleiht Selbstbewusstsein, macht selbständig und beschwichtigt Eifersucht.

Anwendung und Pflege: Der Diamant verstärkt die Wirkung aller anderen Steine (z. B. als Schmuck verarbeitet). Für die Therapie empfiehlt sich ein Rohdiamant. Diamanten müssen weder aufgeladen noch entladen werden.

Dioptas

Farbe: dunkelgrün, durchsichtig.

Chemische Zusammensetzung: $Cu_6 (Si_6 O_{18}) 6 H_2 O$

Härte: 5

Kristallisation: Dioptas ist eine trigonal kristallisierende Kupfer-Silizium-Verbindung, die nur kleine Kristalle in Grüppchen bildet. Er wird in Klüften von Kalk- und Sandstein in der Nähe von Kupferabbaustätten gefunden.

Handelsübliche Formen: in kleinen Kristallgruppen als Rohstein; selten geschliffen und gefasst als Schmuckstein.

Geschichte und Legende: Erst 1797 lernte man den Dioptas als Kupfermineral von Smaragden zu unterscheiden. Wegen seiner klaren grünen Farbe nannte man ihn noch lange Kupfersmaragd. Der Name kommt vom griechischen »diopteia« (= durchsichtig). Da er stets ein gesuchter Schmuckstein war, galt er allgemein als Hüter von Wohlstand und Schönheit und als Stein der Venus.

Dioptas
Fundorte:
Südwestafrika, Zaire, Arizona, GUS.

Sternkreiszeichen
Der Dioptas ist keinem Sternkreiszeichen zugeordnet.
Chakra
Herzchakra.

Heilwirkungen

▶ Wirkt direkt und im übertragenen Sinn auf das Herz: beruhigend, kräftigend und einfühlsam machend (besonders in Verbindung mit dem rosa Kunzit).

▶ Hat positive Wirkung auch bei Herzinsuffizienz.

▶ Wirkt allgemein schmerzlindernd und krampflösend im Leber-Gallenblasen-Bereich.

▶ Bringt Linderung bei Kopfschmerzen.

▶ Macht naturverbunden und empfindsam.

Anwendung und Pflege: Da es nur sehr kleine, zerbrechliche Kristalle gibt, sollte der Dioptas vorsichtig für eine halbe Stunde auf die entsprechende Stelle aufgelegt werden. Nicht im Wasser entladen, sondern einmal monatlich in trockene Hämatittrommelsteine legen. Wenn er nicht gebraucht wird, soll er in der Nähe von rosa Kunzit und Bergkristall liegen.

Doppelspat
Fundorte: Island, USA, Mexiko.

Sternkreiszeichen
Der Doppelspat ist an kein besonderes Sternzeichen gebunden.
Chakra
Stirnchakra und Solarplexus.

Doppelspat

Weitere Bezeichnung: Calcit-Rhomboeder.
Farbe: weiß, gelblich, rosa, stets lichtbrechend.
Chemische Zusammensetzung: $CaCO_3$
Härte: 3
Handelsübliche Formen: nur als einzelner Kristall zu bekommen. Der Kristall verdoppelt beim Auflegen auf Schrift die Zeichen.

Heilwirkungen

▶ Wahrscheinlich ist sein Kalziumgehalt dafür verantwortlich, dass man diesen Stein besonders gern für Knochen, Zähne, Haare und Nägel verwendet.

▶ Hilft bei Hautentzündungen, Pilzbefall, Flechten.

▶ Sein Wasser (den Stein über Nacht in ein Glas Wasser geben) hilft bei Arthritis, Gicht und Rückenschmerzen.

▶ Dieser Stein soll seinen Besitzer hellsichtig in Bezug auf falsche Schwüre und vorgegaukelte Liebe werden lassen.

Anwendung und Pflege: einmal im Monat unter fließend lauwarmem Wasser abspülen, dann zum Aufladen mehrere Stunden in die Sonne legen.

Falkenauge

Weitere Bezeichnung: die dunklere Variation des hellen Tigerauges.

Farbe: blaugrün bis blaugrau und blauschwarz.

Chemische Zusammensetzung: $SiO_2 + Na_2 (La, Fe, Mg)_5 (OH/Si_4O_{11})_2 + P$

Härte: 7

Kristallisation: ein Quarzaggregat mit glimmerartigen Ablagerungen, die den Schimmer ergeben, dazu faserige Hornblendeeinlagerungen von schwarzblauen Asbestfasern, die fest in den Quarz eingeschlossen werden.

Falkenauge
Fundorte: *Südafrika und Westaustralien, Indien und USA.*

Handelsübliche Formen: poliert für Hand und Tasche und zum Auflegen; als Schmuck.

Geschichte und Legende: Die faserigen Einlagerungen lassen das Falkenauge im runden Schliff an ein Auge erinnern. Daher rührt der alte Glaube an ein Amulett gegen den bösen Blick. Zur Zeit der Hexenverfolgung hat man verdächtigen Frauen ein Falkenauge vorgehalten, wenn sie den Blick abwandten, galten sie als überführt. In der arabischen Welt soll das Falkenauge gesellige Heiterkeit und Verstand fördern.

Sternkreiszeichen
Das Falkenauge ist dem Sternkreiszeichen Wassermann zugeordnet.
Chakra
Stirnchakra.

Heilwirkungen

▶ Kurzsichtigkeit, Augenentzündungen und Augenstörungen jeder Art soll das Falkenauge lindern, am besten, indem in Scheiben geschnittener Stein in Wasser erwärmt und auf die Augenlider gelegt wird. Allerdings ist hier – wie öfter – zu vermuten, dass Aussehen und Name des Steins eine Übertragung auf Therapiemöglichkeiten beeinflusst haben.

▶ Kopfschmerzen und Migräne sollen abklingen.

▶ Hilft bei Asthma und sonstigen Atembeschwerden.

▶ Macht zielstrebig und lässt eigene Schwächen erkennen.

Anwendung und Pflege: Das Falkenauge blockiert den Energiefluss, daher nie länger als drei Tage ununterbrochen tragen. Nicht unter Wasser, sondern nur in trockenen Hämatittrommelsteinen entladen! In einer Bergkristalldruse wieder aufladen.

Fluorit

Fluorit
Fundorte: *Spanien, England, USA, Mexiko, vor allem China.*

Weitere Bezeichnung: Flussspat.
Farbe: gelb, violett, grün, regenbogenfarbig.
Chemische Zusammensetzung: CaF_2 + (C, Cl, Ce, Fe, Y)
Härte: 4
Handelsübliche Formen: Fluoritsteine im Raum aufgestellt, gelten als Lernhilfe und Ordnungsvermittler. Auch als Druse, Trommel- und Schmuckstein erhältlich.
Heilwirkungen
▶ Bei körperlichen Schmerzen den Stein direkt auf den Schmerzpunkt auflegen.
▶ Hilft bei durch Energieblockaden verursachte Beschwerden wie Atemwegserkrankungen.
▶ Bringt Hilfe bei eitrigen Wunden.
▶ Bei Hautbeschwerden, Arthritis und Gelenkbeschwerden sowie Steifigkeit lohnt sich ein Versuch, den Fluorit auf die betroffene Stelle aufzulegen.
▶ Weckt unterdrückte Gefühle.
Anwendung und Pflege: Der Fluorit wird mit lauwarmem Wasser entladen, um dann in der Sonne oder einer Bergkristallgruppe wieder aufgeladen zu werden.

Glimmer

Farbe: rosa, violett, glänzend grau bis schwarz, grün.
Chemische Zusammensetzung: Die Glimmergruppe weist verschiedene Varietäten auf.
Härte: 2 bis 2,5
Handelsübliche Formen: als Roh- und Trommelstein.

Heilwirkungen: Die Wirkung ist abhängig von den Farben des Steins.

▶ Rosafarbene und violette Steine setzt man gegen Leberleiden und zur Entgiftung des Organismus (Ausleitung von Schlacken) ein.

▶ Schwarzer Glimmer hilft bei Magen-Darm-Beschwerden, Diabetes und Erkältungen. Außerdem unterstützt er das Immunsystem bei der Krankheitsabwehr.

▶ Grüne Steine sorgen für ein gesundes Blutbild, bekämpfen Blutarmut (Anämie) und Knochenkrebs (Leukämie) sowie andere Formen von Knochenmarkserkrankungen.

▶ Hektische Zeitgenossen werden ruhiger und Schlafmützen temperamentvoller.

Anwendung und Pflege: Verändert sich der Glimmerstein farblich, muss eine Grundreinigung erfolgen. Dazu wird der Stein unter fließend lauwarmem Wasser kräftig abgerieben. Ansonsten wird der Stein in einer Schale mit Hämatittrommelsteinen entladen und zum Aufladen eine Stunde unter Bergkristalle oder noch kürzer in die Sonne gelegt.

Glimmer
Fundorte: *Schweden, Norwegen, Brasilien, USA, Südafrika, Australien, GUS.*

Sternkreiszeichen
Glimmer hilft allen Sternzeichen.
Chakra
Die rosaviolette Variante ist dem Stirnchakra, die schwarzgraue dem Halschakra und die grüne dem Herzchakra zugeteilt.

Gold

Farbe: goldgelb

Chemische Zusammensetzung: Au

Härte: 2,5 bis 3

Kristallisation: ein weiches Element, das aus Goldadern abgebaut oder aus Flüssen, die es ausgeschwemmt haben, gewonnen wird (Goldnuggets). Als Edelmetall geht Gold nicht ohne weiteres Verbindungen mit anderen Elementen ein. In der Natur wird es daher in gediegener Form aufgefunden.

Handelsübliche Formen: Um Gold zu härten und besser verarbeiten zu können, wird es legiert – mit Titan zu Weißgold, mit Messing zu Gelbgold und mit Kupfer zu Rotgold. Das Verhältnis der Metalle zueinander ist genormt und wird mit Punze in die fertigen Barren eingestempelt.

Gold
Fundorte: *Südafrika, GUS, Australien, USA.*

Sternkreiszeichen
Gold ist keinem
Sternkreiszeichen
zugeordnet.
Chakra
Herz- und
Halschakra.

Geschichte und Legende: Reichtum und Macht sind seit Jahrtausenden durch Gold repräsentiert worden. Noch heute bemühen sich viele Regierungen, in den Staatstresoren einen tatsächlichen Gegenwert zur sich im Umlauf befindlichen Notenwährung zu schaffen. Mehr als 75 000 Tonnen Gold sind auf der Erde bis heute abgebaut worden und in Schatzkammern und Schmuckkästlein gewandert, 100 Kilogramm davon allein in das Grab Tutenchamuns. Schmuck, Amulette, Totenmasken, Figuren, Verkleidungen, Porzellanbeschichtungen, selbst Goldfasern in Geweben zeugen durch die Jahrtausende vom Wert des Goldes. »Nach Golde drängt, am Golde hängt doch alles«, klagt Gretchen in Goethes Faust und sagt mit Volkes Stimme, was der Philosoph so benennt: »Das Gold ist der Souverän aller Souveräne.« (K. J. Weber: Demokritos).

Heilwirkungen

▶ Gold steigert die Heilkraft aller Steine, so dass in Gold gefasste Schmuckstücke stets eine besondere Energie besitzen.

▶ Liebe und Treue können mit Gold gewonnen werden.

▶ Das Metall hebt das Selbstbewusstsein bis zur Überheblichkeit. Ideal ist eine Verbindung mit Chalcedon.

Anwendung und Pflege: Therapiesteine, in Gold gefasst, werden zu kräftigen Amuletten. Zum Entladen einmal monatlich unter fließend warmes Wasser halten; zum Aufladen viel in der Sonne tragen.

Granat

Steine der Grantgruppe: Almandin, Pyrop, Spessartin, Rhodolith.

Farbe: rot und dunkelrot bis rostrot, auch gelb, grün und schwarz.

Chemische Zusammensetzung: Ionen zweier Metalle $(SiO_4)_3$ + (weitere Metalle)

Härte: je nach Varietät 7 bis 7,5

Kristallisation: Kubisch kristallisierte Inselsilikate; ein Mineral, das in vielen verschiedenen Varietäten auftritt, doch alle haben die gleiche Struktur und fast gleiche Entstehung in kristallinen Schiefern oder anderen Tertiärgesteinen: durchsichtige bis undurchsichtige kubische Formen.

Handelsübliche Formen: erst durch den Schliff zur Schmuckverarbeitung geeignet. Als Schutzstein und Kraftspender werden auch die rohen Stücke aufgestellt.

Geschichte und Legende: Seit der Antike gibt es den Glauben, es gebe heilige Granate, die aus sich selbst von innen her leuchten. So berichtet der Talmud, Noahs Arche sei von einem einzigen solchen erleuchtet gewesen. Und auch dem Stein des Heiligen Grals wird nachgesagt, er habe im Dunkeln magisch gestrahlt; mystisch wird der Granat zum »Karfunkelstein« der Sage. Die indische Mythologie spricht dem Granat das »Kundalini-Feuer« (das Feuer ewiger Verwandlung) zu, hier und im Buddhismus ist er ein heiliger Stein, der die Seele erhellt und Weisheit schenkt. Die Kaiserkrone des deutschen Kaisers Otto zierte aus diesem Grund der damals berühmteste Granat, den man den Weisen nannte. Viele Ritter und Krieger folgten dem Beispiel und ließen sich Granate in Waffen und Schilde einarbeiten.

Granat
Fundorte: *Berühmt sind die böhmischen Granate; sonst Madagaskar, Indien, Kanada, Südafrika, Australien, USA.*

Heilwirkungen

▶ Granat hilft bei Durchblutungsstörungen und wirkt begünstigend bei Herzschwäche (Herzinsuffizienz).

▶ Energiespendende Wirkung auf die Sexualität: jeden Abend 20 Minuten lang auf das Sexualchakra legen.

▶ Verleiht Lebenskraft, vor allem bei körperlichem Abbau.

▶ Der getragene Schmuck fördert das Gedächtnis.

Anwendung und Pflege: Direkter Hautkontakt ist wichtig. Wenn kleine Granatperlen einer Kette sich berühren, wird die Wirkung vervielfacht. Alle zwei Wochen unter fließendem, handwarmem Wasser entladen. Bereits fünf Minuten in der Sonne laden den Granat wieder auf.

Sternkreiszeichen
Granat ist dem Sternkreiszeichen Widder und Skorpion zugeordnet.
Chakra
Basis- und Sakralchakra.

Hämatit

Hämatit
Fundorte: *USA,
Kanada,
Großbritannien,
Italien, Schweiz,
Schweden und Ural.*

Weitere Bezeichnung: Blutstein.

Farbe: schwarzgrau, dunkel braunrot, metallisch glänzend.

Chemische Zusammensetzung: Fe_2O_3 + Mg, Ti + (Al, Cr, Mn, Si, H_2O)

Härte: 5,5 bis 6,5

Kristallisation: Als »Nierenwachstum« (Form ähnlich einer Niere) oder »roter Glaskopf« kristallisiert der Hämatit faserig oder blättrig meist in der Oxidationszone von Eisenerzlagerstätten, häufig wird er auch als Begleitmaterial in Lava gefunden. Eisenoxid gibt ihm schwarzen Glanz.

Handelsübliche Formen: als Rohstein unter das Kopfkissen zu legen, geschliffen und poliert als Amulett, gemugelt zu Ketten aufgezogen

Geschichte und Legende: »Als einst der gestirnte Uranus, von des Kronos blutigen Händen zerfleischt, seine mächtige Brust über die Erde hinbeugte, da rannen Tropfen des göttlichen Blutes auf die schollige Erde hinab und erstarrten in der Sonne Glut.«

So wird in den »Orphischen Lithiken«, dem bedeutendsten Steinbuch der Antike, die Entstehung des Blutsteins beschrieben. Sein Name »Blutstein« rührt daher, dass der Hämatit sein Schleifwasser rot färbt. Deswegen hat man ihn auch von alters her stets mit Blut in Verbindung gebracht. Wegen seiner blutstillenden Wirkung wurde er Kriegern mit in den Kampf gegeben. Er sollte bei diesen Gelegenheiten die Lebenskraft schützen und das Überleben sichern. Amulette aus Hämatit fand man in fast allen Pharaonengräbern, dem Toten unter den Kopf gelegt, als Hilfe für das Weiterleben. Zacharias von Babylon bestätigt dies Überleben-Können in übertragenem Sinne, indem er behauptet, ein Hämatit als Glücksbringer lasse jeden Prozess, in den man verstrickt sei, gewinnen.

Heilwirkungen

Alles rund um das Blut wird dem Hämatit zugeschrieben. Idealerweise wird er zusammen mit Bergkristall, Jade und Topas getragen.

▶ Er regt die Blutbildung an und wirkt gegen Blutstauungen.

▶ Er wirkt blutstillend.

▶ Hämatit hilft bei Anämie (= Blutarmut): über längere Zeit eine Hämatitkugelkette direkt auf der Haut tragen und jeden Abend unter fließendem Wasser entladen.

▶ Bei Problemen mit dem Kreislauf kann der Stein stabilisierend wirken.

▶ Er soll regenerativ gegen Augenleiden helfen (poliert auf die Lider legen).

▶ Er fördert das Einschlafen, wenn er – zusammen mit einem Rosenquarz – unter dem Kopfkissen liegt.

▶ Zusammen mit Bernstein und Chalcedon bringt er müde und angeschwollene Beine wieder in Schwung (am besten als Mischkette tragen).

▶ Hämatit kann bei Hämorrhoidalleiden helfen: dreimal täglich Hämatitwasser trinken (dazu eine Hämatitkette zwölf Stunden in Wasser ruhen lassen).

▶ Ein Beinband (nicht zu eng anliegend) aus flachen Steinen zusammen mit Bernstein und Chalcedon hilft gegen Krampfadern, außerdem Hämatitwasser trinken und den Stein bei Schmerzen auflegen (Beine hochlegen).

▶ In Verbindung mit Jade wirkt der Stein bei Beschwerden mit den Nieren: über Nacht zusammen mit einer Jadekette in Wasser einlegen und dies am nächsten Morgen nüchtern trinken.

▶ Hämatit macht spontan und lebenslustig.

Anwendung und Pflege: Hämatit nie bei Entzündungen jeglicher Art tragen, denn diese werden angeregt! Nicht unter Wasser entladen! In Bergkristalltrommelsteinen gibt der Hämatit negative Energien ab und lädt zugleich positive auf.

Sternkreiszeichen
Hämatit ist der Stein des Skorpions, den er nicht nur schützen, sondern durch Temperaturveränderung sogar vor Gefahren warnen soll.
Chakra
Wurzelchakra.

Heliotrop

Heliotrop
Fundorte: *Die schönsten Stücke werden in Indien und China gefunden, sonst in Australien, Brasilien und den USA.*

Weitere Bezeichnung: fälschlich Blutjaspis.

Farbe: undurchsichtig dunkelgrün mit rosaorangeroten Tupfen, Streifen oder Feldern.

Chemische Zusammensetzung: SiO_2 + Al, Fe, Mg, OH, Si

Härte: 7

Kristallisation: Der Heliotrop ist ein grün gefärbter Chalcedon (durch eingelagerte Chloridplättchen), dem Eisenoxid eine rote Zeichnung verleiht. Wegen dieser roten »Blutstropfen« hat man ihn auch Blutstein genannt.

Handelsübliche Formen: als Trommelstein für die Hand oder zum Auflegen; als Schmuck roh oder poliert; zum Aufstellen im Zimmer.

Geschichte und Legende: Der Name stammt aus dem Griechischen und bedeutet Sonnenwender. Den Griechen war der Heliotrop der Verbindungsstein von den Göttern über den Menschen zur Erde, den Ägyptern ein kräftiger Schutzstein. Hildegard von Bingen mystifizierte ihn mit der Sage, die roten Tropfen seien das vergossene Blut Christi, weswegen auch der Begriff »Jesus-Stein« oder »Hildegardjaspis« auftaucht. In dieser Eigenschaft war er der heilige Schutzstein der Kreuzritter.

Heilwirkungen

▶ Der Stein hilft sehr gut gegen Blasenentzündung, wenn man ihn 20 Minuten auflegt.

▶ Starker Stein für das Herz: gegen Schmerzen, Rhythmusstörungen, Durchblutungsstörungen der Herzkranzgefäße.

▶ Alle blutführenden Organe (Leber, Nieren, Lunge, Milz) werden gereinigt und gekräftigt.

▶ Er hilft bei gelegentlichem Unwohlsein während der Schwangerschaft.

▶ Er fördert die Konzentrationsfähigkeit.

▶ Er soll Alpträume verhindern helfen.

Sternkreiszeichen
Der Heliotrop ist keinem Sternkreiszeichen zugeordnet.
Chakra
Herzchakra.

Anwendung und Pflege: Der Heliotrop wird nicht als Rohstein verwendet. Nach jedem Gebrauch soll er unter fließend warmem Wasser entladen werden, dann in einer Bergkristallgruppe aufladen.

Herkimer Diamant

Farbe: grauweiß bis durchscheinend.
Chemische Zusammensetzung: SiO_2
Härte: 7
Handelsübliche Formen: Die Stücke sind nur schwer zu bekommen und sehr teuer. Meist sind sie bereits geschliffen. Der Herkimer Diamant eignet sich besonders als Zusatzstein zu anderen Therapiesteinen, weil er deren Wirkung unterstützt.

Herkimer Diamant
Fundorte: *ausschließlich im Staat New York.*

Heilwirkungen
▶ Der Stein löst Verspannungen.
▶ Er entgiftet den ganzen Körper.
▶ Außerdem stärkt er die körperliche Abwehr.
▶ Das Edelsteinwasser soll sogar zur Therapiebegleitung bei Krebs und AIDS geeignet sein. Natürlich sind diese Maßnahmen kein Ersatz für eine gute medizinische Betreuung bei so schweren Erkrankungen.
▶ Der Herkimer Diamant öffnet die Seele für neue Eindrücke und vermittelt Offenheit.

Anwendung und Pflege: einmal monatlich unter fließend warmem Wasser entladen und dann in einer Bergkristallgruppe oder längere Zeit in der Sonne aufladen.

Sternkreiszeichen
Der Herkimer Diamant ist der Stein der Steinböcke und Schützen.
Chakra
Milz-, Herzchakra und Solarplexus.

Iolith

Farbe: grau, blau, violett.
Chemische Zusammensetzung: $Mg_2Al_3 (AlSi_5O_{18})$
Härte: 7
Handelsübliche Formen: Roh-, Trommel- und Schmucksteine werden im Handel angeboten.

Iolith
Fundorte: *China,*
Indien, Madagaskar,
Sri Lanka, Brasilien.

Sternkreiszeichen
Der Iolith ist keinem
Sternkreiszeichen
zugeordnet.
Chakra
Kehlchakra und
Drittes Auge.

Heilwirkungen

▶ Er ist angezeigt bei Völlegefühl, Sodbrennen, Erbrechen.

▶ Magen- und Darmerkrankungen können mit dem Iolith behandelt werden.

▶ Er stärkt den Kreislauf, senkt den Blutdruck.

▶ Er verhindert Wasseransammlungen im Körper und wirkt Krampfadern entgegen.

▶ Der Stein mindert Ängste und Depressionen.

Anwendung und Pflege: Einmal wöchentlich soll er unter fließend warmem Wasser gereinigt werden. Dann in einer Bergkristallgruppe oder in der Sonne höchstens eine Stunde wieder aufladen.

Jade

Farbe: hellgrün bis dunkelgrün, durchsichtig; seltener violette, gelbe und schwarze Jade.

Chemische Zusammensetzung: $NaAl\,[Si_2O_6]$ + Ca, Fe, Mg, Mn

Härte: 6,5 bis 7

Kristallisation: Einschlüsse von Chrom geben dieser Natrium-Aluminium-Verbindung das berühmte Jadegrün. Sie tritt nicht in Kristallen auf und entsteht bei der Metamorphose von basischen Gesteinen.

Handelsübliche Formen: geschnitten als Kunstgegenstände; geschliffen, gemugelt oder gefasst als Schmuck; Rohstücke zum Einlegen in Wasser; Amulette.

Geschichte und Legende: Schon 5000 v. Chr. wird Jade als »der beste aller Edelsteine« erwähnt. In der chinesischen Kultur – schon vor Gründung des Kaiserreichs – symbolisiert sie als »Stein des Himmels« die fünf Tugenden des Menschseins: Weisheit, Gerechtigkeit, Bescheidenheit, Barmherzigkeit und Mut. In Jade wurden Symbole dieser Tugenden geschnitten und als Kraftstein aufgestellt. Die alten Ägypter fügten dazu noch die Kraft, Liebe zu erwecken und zu bewahren, was auch für die Maya im alten Mexiko gilt. Eine Jadescheibe mit einem Loch in der Mitte nennt man Pi. Sie symbolisiert den Himmel, aus dem die Blitze – als seine Kraft – zur Erde fahren.

Heilwirkungen

▶ Stillt Blutungen: möglichst zusammen mit Hämatit, Bergkristall und Topas tragen.

▶ Als Handschmeichler und Wasser getrunken (täglich morgens), wirkt der Stein positiv auf die Drüsenfunktionen.

▶ Bei Kinderwunsch trägt die Frau den Stein auf einer Kette zusammen mit rotem Jaspis, Mondstein, Rauchquarz und Rosenquarz – sofern kein organischer Schaden vorliegt. Diese Kette kann außerdem über Nacht in ein Wasserglas gelegt werden. Das Wasser sollte von beiden Partnern morgens nüchtern getrunken werden.

▶ Während der Schwangerschaft sollte die Frau stets Jade und Carneol bei sich tragen (gleichgültig in welcher Form).

▶ Während der Entbindung dämmt der Stein den Blutverlust ein. Carneol kräftigt die Unterleibsfunktionen.

Jade
Fundorte: *Burma, China, Kanada; kleinere Vorkommen in Mexiko, Ägypten und Schlesien.*

▶ Wirkt fiebersenkend (auf das Herz- und/oder Stirnchakra auflegen).

▶ Bei allen Nierenproblemen sollte der Stein viel getragen werden (im alten China hieß Jade der »Lendenstein«). Außerdem: über Nacht eine Jadekette zusammen mit Hämatit in Wasser einlegen und dies am nächsten Morgen nüchtern trinken.

▶ Die Jade wirkt beruhigend und macht zufrieden.

▶ Hilft gegen Vorurteile und schärft den Gerechtigkeitssinn.

Anwendung und Pflege: Vor dem Einschlafen soll Jade eine Viertelstunde auf die Stirn gelegt werden. Wird die Oberfläche des Steins trüb oder wird er auf dem Körper nur noch langsam warm, dann soll er unter fließendem Wasser entladen werden. In einer Amethystdruse die trockene Jade über Nacht wieder aufladen.

Sternkreiszeichen
Jade ist dem Sternkreiszeichen Waage, aber auch den Fischen und Krebs zugeordnet.
Chakra
Je nach Therapiewunsch Sakral-, Stirnchakra, Solarplexus.

Jaspis

Farbe: gelb, rot, rotbraun, aber auch grün; undurchsichtig.

Chemische Zusammensetzung: SiO_2 + Fe, O, OH, Si

Härte: 7

Kristallisation: Er ist ein feinkörniger Quarz, der in trigonalen Aggregaten kristallisiert ist, mit vielen eingelagerten Fremdstoffen. Mangan lässt ihn gelb erscheinen, Eisen kräftig rot. In bräunlichem Schimmer nennt man ihn auch Hornstein.

Handelsübliche Formen: poliert für die Hand oder zum Auflegen, geschliffen in verschiedenen – meist etwas gröberen – Formen als Schmuck.

Geschichte und Legende: Die Ägypter schnitten Skarabäen aus Jaspis und legten sie als Amulette auf, vor allem als sehr starken Energiestein für die Sexualität. Massagen mit einem rund geschliffenen Jaspis sollen wie ein Aphrodisiakum wirken. Und auch die Griechen benutzten ihn als Liebesstein und zum Erleben einer glücklichen Schwangerschaft. Sowohl bei den Indern als auch bei den Indianern galt der gelbe Jaspis als Regenzauberstein.

Heilwirkungen: Der Jaspis spendet Energie – gleichgültig in welcher Farbe.

Roter Jaspis

▶ Zum Abnehmen: Jaspiswasser eine Stunde vor jeder Mahlzeit trinken (den Stein jede Nacht in ein Glas Wasser einlegen und zudecken, tagsüber am besten in Sonnenlicht bewahren, um seine Energie wieder aufzuladen).

▶ Hegt die Frau einen Kinderwunsch, trägt sie den Stein zusammen mit Jade, Mondstein, Rauchquarz und Rosenquarz auf einer Kette – sofern kein organischer Schaden vorliegt. Die Kette kann außerdem über Nacht in ein Wasserglas gelegt werden. Das Wasser sollte von beiden Partnern morgens nüchtern getrunken werden.

Jaspis
Fundorte: gelber Jaspis in Indien und Mexiko, roter Jaspis im Schwarzwald und bei Idar-Oberstein, außerdem in Frankreich, Ägypten, den USA, Afrika, Australien und Brasilien.

▶ Jaspis wirkt günstig auf die Sexualität: auf das Sexualchakra auflegen oder damit unterhalb des Nabels massieren.

▶ Er entspannt und löst Stress auf: 20 Minuten auf das Sonnengeflecht auflegen.

▶ Er schafft innere Harmonie.

Gelber Jaspis

▶ Jaspiswasser stärkt das Immunsystem und hilft bei Beschwerden in den Wechseljahren.

▶ Der Stein macht verständnisvoll.

Rotbrauner Jaspis

▶ Jeden Abend vor dem Einschlafen 20 Minuten lang auf das Milzchakra gelegt, vertreibt er Blähungen. Gleichzeitig eine Pyritsonne oder einen Citrin auf den Solarplexus legen.

▶ Er hilft bei Gastritis: nach dem Essen eine Viertelstunde auflegen oder ein Amulett auf dem Magen tragen.

▶ Er wirkt gegen Entzündungen und Geschwüre im Magen-Darm-Trakt (auflegen und tragen).

▶ Er beseitigt Verstopfungen: jeden Morgen nüchtern ein Glas Wasser trinken, in dem über Nacht der Stein lag.

▶ Bei Diabetes: den Stein regelmäßig abends und morgens eine Viertelstunde auf die Bauchspeicheldrüse legen, anschließend über Nacht in ein Glas Wasser einlegen und dieses morgens nüchtern trinken.

▶ Bei Problemen mit der Bauchspeicheldrüse auflegen.

▶ Bei Gallenblasenbeschwerden (Reizung, Entzündung, Kolik) mehrmals täglich auflegen.

▶ Er kann einen günstigen Einfluss bei Hepatitis ausüben – sowohl als Handschmeichler als auch zum Auflegen.

▶ Eignet sich als Handschmeichler bei Leberproblemen.

Anwendung und Pflege: Jaspis kann seine Energie nur bei direktem Hautkontakt abgeben. Nach jedem Gebrauch soll der Stein unter fließendem, lauwarmem Wasser entladen und über Nacht in einer Schale aus Hämatittrommelsteinen wieder aufgeladen werden.

Sternkreiszeichen
Der Jaspis ist den Sternzeichen Widder und Jungfrau zugeordnet.

Chakra
Der gelbe Stein ist dem Solarplexus, der rote dem Wurzelchakra und der rotbraune dem Milzchakra zugeordnet.

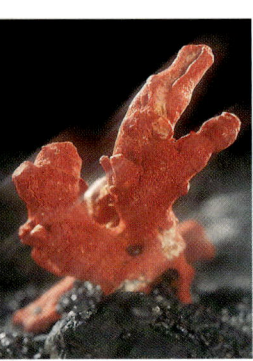

Koralle
Fundorte: *Riffe an den Küsten warmer Meere, vor allem Ost-australien (die farb-lich schönsten Korallen), rund um Japan, Afrika, Mittelmeer und Kanarische Inseln.*

Sternkreiszeichen
Rot: Skorpion;
schwarz: Steinbock;
rosa: Stier.
Chakra
Die rote Koralle wird dem Wurzel-chakra zugewiesen, die schwarze dem Solarplexus und die rosa Koralle dem Herzchakra.

Koralle

Farbe: rosa, lachsrot, rot, aber auch weiß und schwarz.

Chemische Zusammensetzung: organische Substanzen + $CaCO_3$

Härte: 3 bis 4

Kristallisation: Korallen sind keine Minerale, sondern Ske-lette von Meereslebewesen, also organischen Ursprungs. Über viele tausend Jahre in warmem Wasser als Riffe vor den Küsten gewachsen, bestehen sie aus fast reinem Kalzium.

Handelsübliche Formen: als Schmuck und größere Koral-lenstücke zum Aufstellen in Räumen. Anmerkung: Koral-lenriffe haben sich über unendlich viele Jahre hinweg gebil-det. Sie erfüllen wichtige ökologische Funktionen. Durch Raubbau, Wasserverschmutzung und -erwärmung sowie be-sondere Methoden des Fischfangs sind sie in ihrem Fortbe-stand stark gefährdet. Sofern Tauchen eines Ihrer Hobbys ist, genießen Sie lieber deren Anblick in ihrer natürlichen Umgebung, und nehmen Sie bitte Abstand davon, Stücke aus Korallenbänken herauszubrechen und als Souvenir mit nach Hause zu nehmen (es ist verboten!).

Geschichte und Legende: Die Koralle ist ein magischer »Stein« seit Menschengedenken und auf der ganzen Erde. Sie war als Grabbeigabe bei den Ägyptern Schutzstein gegen die Macht böser Geister, denn in ihr wirke ein göttlicher Blutstropfen. In der griechischen Mythologie heißt es, als Perseus der Gorgo das Haupt abschlug, seien die Bluttropfen ins Meer gespritzt und dort zu Korallen erstarrt. Zarathustra nennt die Koralle einen magischen Schutzstein gegen Krankheit und Zauber, was auch Paracelsus bestätigte.

Heilwirkungen: Ähnlich dem organischen Bernstein ist die Koralle ein sehr starker Heilstein, der vielfach genutzt wird.
▶ Getragen, wirkt sie stärkend bei Erschöpfung sowie beim Genesungsprozess zusätzlich Diamantwasser trinken.

▶ Korallenschmuck hilft bei Beschwerden während der Wechseljahre. Gut in Verbindung mit blauem Turmalin.

▶ Sie beugt der Gefahr der Knochenbrüchigkeit (Osteoporose) vor und sorgt bei Kindern für gesundes Knochenwachstum.

▶ Der roten Farbe entsprechend wird sie auch für Blut und Kreislauf eingesetzt.

▶ Sie schützt vor negativen Energien.

▶ Sie stärkt die Liebe und das Bedürfnis nach Partnerschaft.

▶ Sie macht unempfindlich gegen Neid und Missgunst.

Anwendung und Pflege: Da viele Fälschungen auf dem Markt sind, sollte man sicheres Vertrauen zum Händler haben. Zum Entladen einmal monatlich über Nacht in Salzwasser legen. Man kann sie auch trocken in Meersalz betten.

Kunzit
Fundorte: *Brasilien, Madagaskar, Afghanistan, Birma und USA.*

Kunzit

Farbe: weiß, rosa, rot, violett, durchsichtig.

Chemische Zusammensetzung: LiAl $[Si_2O_6]$ + Ca, Mg, Mn, Na

Härte: 6 bis 7

Kristallisation: Der Kunzit ist ein Tonerdesilikat in Aluminium-Lithium-Verbindung. Seine Farbe erhält der Stein durch Mangan.

Handelsübliche Formen: Er wird naturbelassen oder geschliffen zu Schmuck verarbeitet.

Geschichte und Legende: Der Stein wurde erst zu Beginn des 20. Jahrhunderts in den USA entdeckt und ist nach seinem Entdecker, dem Gemmologen G.F. Kunz, benannt.

Heilwirkungen: Kunzit ist ein sehr starker Heilstein.

▶ Er wirkt schmerzlindernd bei Ischias- und Gelenkbeschwerden, wenn er nachts auf die Schmerzstelle geklebt wird.

▶ Kunzitwasser regelmäßig getrunken sorgt für eine ausgewogene Produktion von Blutkörperchen und stabilisiert den Kreislauf.

Sternkreiszeichen
Der Kunzit hat keine Zuordnung zu einem Sternkreiszeichen.

Chakra
Die rosa Variante ist dem Herzchakra, die violette dem Stirnchakra zugeordnet.

▶ Kunzit ist ein wirksames Mittel gegen Schmerzen.

▶ Er wirkt entspannend im Herzbereich.

▶ Er soll selbst bei Epilepsie helfen.

▶ Als Handschmeichler wirkt er gegen Minderwertigkeitsgefühle, Hemmungen und Depressionen.

▶ In sich zerrissenen Menschen hilft Kunzit, das Gleichgewicht zwischen Verstand und Gefühl zu finden.

Anwendung und Pflege: Der Kunzit soll ungeschliffen direkt auf der Haut getragen, bei Schmerzen auf die entsprechende Stelle aufgelegt werden. Regelmäßig vor dem Gebrauch unter fließend warmem Wasser entladen und über Nacht in trockenen Hämatittrommelsteinen aufladen.

Labradorit

Labradorit
Fundorte: Der farbenschönste Labradorit ist der schwarze finnische, der ein Feuerwerk aus sich aufbrechen lässt; übrige Fundorte sind die USA, Kanada, Madagaskar, Australien, GUS und Mexiko.

Sternkreiszeichen
Der Labradorit ist der Stein des Wassermanns.
Chakra
Solarplexus und die Nebenchakras der Hände.

Weitere Bezeichnung: Spektrolith.

Farbe: graublauer Stein, dessen Oberfläche irisierend in allen Farben schillert.

Chemische Zusammensetzung: Na $[AlSi_3O_8]$/Ca$[Al_2Si_2O_8]$ + Fe, K, Ba, Sr

Härte: 6 bis 6,5

Kristallisation: Der Labradorit gehört zu den Feldspaten. Er kristallisiert triklin in basischen Magmatiten und zwar in Lamellenstruktur, so dass das einfallende Licht sich bricht und das Irisieren hervorruft, das – nach diesem Stein – auch Labradorisieren genannt wird.

Handelsübliche Formen: in der Schmuckherstellung als Ringe, Broschen, Anhänger.

Geschichte und Legende: Erst Ende des 18. Jahrhunderts wurde der Labradorit auf der kanadischen Halbinsel Labrador gefunden.

Heilwirkungen

▶ Der Labradorit regt die Funktion der Thymusdrüse an und stabilisiert damit das körpereigene Immunsystem: mindestens ein halbes Jahr als Amulett direkt auf der Haut tragen.

▶ Er lindert Schmerzen im Skelettsystem und rheumatische Beschwerden (auflegen).

▶ Er wirkt beruhigend und ausgleichend und ist damit ein guter Stein für Choleriker.

Anwendung und Pflege: Therapeutisch als Handschmeichler stets bei sich tragen und nach Gebrauch unter fließendem Wasser entladen. Wird die Oberfläche trüb, dann soll der Stein einige Tage in Mineralwasser an die Sonne gestellt werden.

Lapislazuli

Weitere Bezeichnungen: Lasurstein, Lasurit.

Farbe: von hellblau über azurblau bis blauviolett mit goldschimmernden Einschlüssen, undurchsichtig.

Chemische Zusammensetzung: $(Na, Ca)_8 [(S, SO_4, Cl_2)_2 / AlSiO_4)_6] + Fe$

Härte: 5 bis 6

Kristallisation: Lapislazuli entsteht bei der Umwandlung von Kalk zu Marmor; mehrere Mineralien sind beteiligt, er ist ein Natrium-Aluminium-Silikat, das selten einzelne Kristalle bildet. Pyriteinschlüsse bewirken goldene Linien oder Punkte.

Handelsübliche Formen: rohe Stücke zum Aufstellen, als Amulett zum Auflegen, als Figuren geschnitten und zu Schmuck verarbeitet.

Geschichte und Legende: Legenden, Berichte und Erzählungen reichen bis 5000 v. Chr. zurück. Den Assyrern war der Lapislazuli der heilige Stein Uknu, der das Blau des Himmels und darin das Licht der Götter auf die Erde gebracht hat. Das Wort ist eine Zusammensetzung des arabischen »azul« (= blauer Himmel) und des lateinischen »lapis« (= Stein). Alle Kulturen in West und Ost haben diesen Stein als Schmuck für Götterstandbilder wie für Könige hoch geschätzt und seine Kräfte in der Magie (gegen den bösen

Lapislazuli
Fundorte: *hauptsächlich Afghanistan, wenig auch in Burma, Chile und am Baikalsee.*

Sternkreiszeichen
Der Lapislazuli ist dem Schützen zugeordnet; gibt Kraft für Freundschaften und hilft, Entscheidungen zu fällen.
Chakra
Drittes Auge und Kehlchakra.

Blick) und zum Heilen genutzt. Er war der Stein der antiken Herrscher. Schon in den alten Königsgräbern von Ur am Euphrat wurden Grabbeigaben aus Lapislazuli gefunden. Der Sonnenkönig Ludwig XIV. mochte seine Kraft nicht missen, und Napoleon trug bei seinem Ägyptenfeldzug einen Lapisskarabäus als Talisman bei sich, denn er glaubte sich durch ihn unverletzbar. Kaiser Wilhelm I. erkor ihn zu seinem Lieblingsstein.

Heilwirkungen

▶ Lapislazuli bekämpft Reizungen und Entzündungen im Hals: möglichst als Kette tragen.

▶ Hals, Kehlkopf und Stimmbänder werden gestärkt.

▶ Er ist ein hilfreicher Stein zur Stärkung des Immunsystems bei Präkanzerose (Frühstadium von Krebs).

▶ Der helle Stein wirkt ausgleichend auf die Schilddrüse.

▶ Als Schmuck dämpft der Stein Hypertonie (zu hohen Blutdruck). Vorsicht: Hypotoniker, also Menschen mit zu niedrigem Blutdruck, sollten nie Lapislazuli tragen!

▶ Er kann Kopfschmerzen lindern.

▶ Lapislazuli ist ein kräftiger Stein für den Kopf, klarer Verstand und Intuition werden gefördert.

▶ Er wirkt gegen Depressionen.

▶ Er macht bindungsbereit in Partnerschaften.

Anwendung und Pflege: Lapislazuli soll möglichst am Hals getragen werden und einmal im Monat in einer Schale mit Hämatittrommelsteinen entladen werden. In einer Bergkristallgruppe lädt sich der Stein wieder auf.

*Larimar
Fundorte:
ausschließlich in der
Dominikanischen
Republik.*

**Sternkreiszeichen
Der Larimar ist dem
Löwen zugeordnet.
Chakra
Kehlchakra.**

Larimar

Farbe: hellblau bis grünlich.

Chemische Zusammensetzung: $NaCa_2 [OH/Si_3O_8] + Fe, Mn$

Härte: 6

Handelsübliche Formen: Trommel- und Schmucksteine werden im Handel angeboten.

Heilwirkungen

▶ Larimar stärkt die Knochen und ist deshalb wichtig für das kindliche Wachstum.

▶ Der Stein hilft auch bei allen Formen von Gelenkentzündungen, bei Ablagerungen in den Blutgefäßen und bei Muskelverhärtungen.

▶ Er ist wirksam bei Ischiasbeschwerden und Hexenschuss.

▶ Der Stein löst aus alten Denkmustern, befreit, öffnet neue Wege im Denken und Handeln.

▶ Zudem schützt er vor negativen Energien.

Anwendung und Pflege: Einmal wöchentlich soll er unter fließend warmem Wasser gereinigt werden. Höchstens eine Stunde morgens oder abends in der Sonne wieder aufladen.

Magnesit

Farbe: weiß bis gelblich.

Chemische Zusammensetzung: $MgCO_3$ + Ca, Fe, Mn

Härte: 4 bis 4,5

Handelsübliche Formen: Roh-, Trommel- und Schmucksteine werden im Handel angeboten.

Heilwirkungen

▶ Magnesit ist ein guter Stein bei Übergewicht, denn er besitzt die Fähigkeit, den Fettstoffwechsel zu aktivieren und den Cholesterinspiegel zu senken.

▶ Er wirkt entspannend und entkrampfend.

▶ Magnesit bekämpft Kopfschmerzen, Migräne und hilft bei Magen- und Darmkrämpfen.

▶ Er verhilft zu Lebensbejahung.

▶ Er leitet negative Gefühle ab.

▶ Magnesit hilft bei Überempfindlichkeit und ist wirksam gegen Depressionen.

Anwendung und Pflege: Den Stein regelmäßig unter fließend warmem Wasser reinigen. Über Nacht unter Bergkristallen wieder aufladen.

Magnesit
Fundorte: *Elba, China, vor allem Südafrika.*

Sternkreiszeichen
Der Magnesit ist keinem Sternkreiszeichen zugeordnet.
Chakra
Nebenchakras der Knie und Hände.

Magnetit

Farbe: schwarz, metallisch, undurchsichtig.
Chemische Zusammensetzung: Fe_3O_4
Härte: 5 bis 6
Handelsübliche Formen: Rohkristalle sind üblicher als Schmucksteine.
Heilwirkungen
▶ Der Magnetit wird direkt auf die betroffenen Stellen gelegt bei Lungenentzündung und allen Erkrankungen des rheumatischen Formenkreises.
▶ Der Stein hilft bei Leberleiden.
▶ Er lässt Knochenbrüche schneller heilen.
▶ Er hilft bei schlechtem Blutbild.
▶ Der Stein lehrt, Gegensätze zu überwinden und Ausgeglichenheit zu erlangen.
Anwendung und Pflege: Weil der Stein Eisen enthält, darf er nicht mit Wasser in Berührung kommen. Entladen wird er nachts unter Hämatittrommelsteinen, aufgeladen mit einem Magneten.

Malachit

Farbe: hellgrün bis kräftig grün, meist gebändert.
Chemische Zusammensetzung: $Cu_2 [(OH)_2/CO_3] + H_2O +$ (Ca, Fe)
Härte: 3,5 bis 4
Kristallisation: Malachit ist ein basisches Kupferkarbonat, das monoklin in nadeligen Kristallen oder faserigen Aggregaten auskristallisiert.
Handelsübliche Formen: roh und poliert, zum Auflegen, zum Aufstellen, als Handschmeichler, als Schmuck.
Geschichte und Legende: Die alten Ägypter holten sich den Malachit von der Sinaihalbinsel und verwandten ihn als Amulett. Im ägyptischen Totenbuch heißt es, die Himmels-

göttin »lässt Sterne als Grünsteine fallen«. Da er kein sehr harter Stein ist, ließ er sich zu Pulver zermahlen, und die kräftig grüne Farbe wurde zum Schminken der Augen als früher Lidschatten wie auch für Freskenmalerei verwandt. Im Alpengebiet hat sich der Malachit durch Jahrhunderte bis heute als Stein der Schwangeren und Gebärenden bewährt. Seit dem 16. Jahrhundert sind dort mit Malachiten besetzte »Wehenkreuze« bekannt und inzwischen zu beliebten Sammlerobjekten geworden.

Heilwirkungen

▶ Malachit ist wachstumsfördernd und kräftigend.

▶ Er ist ein Stein für die Schwangerschaft: während der gesamten Zeit in Verbindung mit Carneol tragen.

▶ Er hat sich bei Regelschmerzen bewährt: ein flaches Stück eine Hand breit unter dem Nabel aufkleben.

▶ Die Sehnerven werden gekräftigt, wenn die Augen täglich mit Malachitwasser gebadet werden.

▶ Man hat mit Malachit gute Erfahrungen bei der Behandlung von Arthritis und Arthrose gemacht.

▶ Bei Asthma und allgemeinen Atembeschwerden: Malachitwasser trinken oder den Stein ins Badewasser legen.

▶ Malachit bekämpft psychosomatisch bedingte Bauchschmerzen und hilft gegen strahlende Schmerzen, die vom Herz ausgehen.

▶ Er hilft gegen Liebeskummer.

▶ Er erweckt Verständnisbereitschaft.

▶ Er vertreibt Angstgefühle.

Anwendung und Pflege: Malachitessenz ist sehr kräftig und soll täglich von einem Schluck bis auf ein Glas gesteigert werden. Da Malachit ein sehr starker Stein ist, reicht es, ihn bei sich zu tragen. Zum Entladen in ein Taschentuch einrollen und über Nacht in trockenen Hämatittrommelsteinen aufbewahren, zum Aufladen den Stein in eine Bergkristallgruppe legen.

Malachit
Fundorte: *in der Nähe von Kupferlagerstätten in Zaire, Israel (dort Eilat-Stein genannt), USA, Australien, GUS, Südwestafrika.*

Sternkreiszeichen
Glücksstein für Wassermann und Steinbock.
Chakra
Alle Chakras; entfaltet die größte Energie auf dem Herzchakra.

Moldavit

Farbe: je nach chemischer Zusammensetzung gefärbt, meist grün durchschimmernd.

Chemische Zusammensetzung: SiO_2 + Al, Ca, Fe, K, Na

Härte: 6,5 bis 7

Kristallisation: Moldavit ist ein Glasmeteorit, vor etwa 15 Millionen Jahren nach dem Aufprall eines riesigen Meteoriten entstanden; beim Aufprall wurde das Gestein geschmolzen, hochgeschleudert und fiel abgekühlt zurück auf die Erde.

Handelsübliche Formen: Rohkristalle, Schmuck- und Trommelsteine sind zu kaufen.

Geschichte und Legende: Aus Steinzeitfunden schließt man auf die Verwendung des Steins als Fruchtbarkeitsamulett.

Heilwirkungen

▶ Moldavit unterstützt die Heilung bei allen Krankheiten.

▶ Er löst Energieblockaden in den Chakras.

▶ Im Kopfbereich wirkt er – aufgelegt – schmerzlindernd.

▶ Ein Stein, der die Entwicklung fördert und Umwandlung symbolisiert.

Anwendung und Pflege: Einmal im Monat unter fließend warmem Wasser entladen; aufladen in der Sonne.

Moldavit
Fundorte: *im Gebiet der Moldau. Hier ging vor Millionen von Jahren ein Meteorit nieder, dem der Stein seine Entstehung verdankt.*

Sternkreiszeichen
Der Moldavit ist keinem Sternkreiszeichen zugeordnet.
Chakra
Stirn-, Herz- und Scheitelchakra.

Mondstein

Farbe: eierschalenfarben, gelblich, bläulich, blau.

Chemische Zusammensetzung: $K\,[AlSi_3O_8]$ + Ba, Fe, Na

Härte: 6 bis 6,5

Kristallisation: Der Mondstein gehört zu den Feldspaten und kristallisiert als monoklines Gerüstsilikat, was eine innere Lamellenstruktur ergibt, an der sich das Licht bricht, so dass der milchige »Mond«-Schimmer entsteht.

Handelsübliche Formen: Er wird stets geschliffen, weil er erst dann den eigenartigen Schimmer erhält; sehr beliebt als Schmuck- und Amulettstein.

Geschichte und Legende: Der Stein gehört zu den mythen-
umwobenen, da sein geheimnisvoller Schimmer, der beim
Schleifen hervortritt, seit Jahrtausenden die Phantasie an-
regte. Im Altertum hieß er Selenitis, und über diesen schrieb
Plinius: »Er zeigt das Bild des Mondes und von Tag zu Tag
dessen Zu- und Abnahme.« Als Stein des Mondes ist er seit
jeher der Stein der Liebe und der Liebenden. In arabischen
Ländern schenkt man einen Mondstein als Segensstein zur
Familiengründung und den Frauen für große Fruchtbarkeit.
Noch heute wird der Stein in Nachtgewänder eingenäht, um
seine Kraft zu entfalten.

Heilwirkungen

▶ Mondstein schafft bei Frauen ein natürliches, kräftiges
hormonelles Gleichgewicht.

▶ Er ist der Stein gegen Menstruationsbeschwerden, der
auch Unheil während der Schwangerschaft und der Entbindung fernhält.

Mondstein
Fundorte: *Sri Lanka,
Brasilien, Mada-
gaskar, Brasilien, USA.*

▶ Wenn kein organischer Schaden vorliegt, hilft der Stein
bei Kinderwunsch. Die Frau trägt ihn auf einer Kette zusammen mit rotem Jaspis, Jade, Rauchquarz und Rosenquarz.
Die Kette kann außerdem über Nacht in ein Wasserglas gelegt werden. Das Wasser sollte von beiden Partnern morgens
nüchtern getrunken werden.

▶ Frauen um die 50 hilft er durchs Klimakterium (idealerweise zusammen mit blauem Turmalin).

▶ Mondstein fördert die Sensibilität.

▶ Er unterstützt Weiblichkeit und Liebe.

▶ Er schenkt Lebensfreude und eine jugendliche Ausstrahlung bis ins Alter.

Anwendung und Pflege: Mondstein ist vor allem ein Stein
für Frauen. Es genügt, den Stein zu tragen und jeweils nach
der Menstruation in trockenen Hämatittrommelsteinen zu
entladen. Zum Aufladen legt man ihn am besten bei Voll-
mond auf die Fensterbank.

Sternkreiszeichen
Krebs, in den bläuli-
chen Tönen tendiert
der Mondstein zu
den Fischen.
Chakra
Sakralchakra.

Moosachat

Farbe: milchiger bis roter durchsichtiger Achat mit »moos-artigen« grünen Einschlüssen.

Chemische Zusammensetzung: SiO_2 + Al, Ca, F, Fe, K, Mg, Na, OH, Si

Härte: 6,5 bis 7

Kristallisation: Als Achat gehört er zu den chalcedonen Quarzen. Er kristallisiert mikrokristallin trigonal; meist als Spaltenausfüllung von Graniten. Beimengungen von Horn-blende und Mangan ergeben das typische grüne »Moos«.

Handelsübliche Formen: poliert als Handschmeichler und Talisman, geschliffen als Schmuck.

Geschichte und Legende: Moosachat ist der Glücksstein der Spieler; außerdem heißt es, durch Veränderung des Farb-spiels warne der Stein vor falschen Freunden.

Heilwirkungen: Die Heilkraft des Moosachats ist erst in jüngster Zeit beschrieben worden.

▶ Vor allem regt er die Insulinproduktion der Bauchspei-cheldrüse an und wirkt damit gegen Diabetes.

▶ Er wirkt ausgleichend auf den Stoffwechsel: jeden Abend eine halbe Stunde auf die Bauchspeicheldrüse legen, gleich-zeitig eine Pyritsonne auf das Sonnengeflecht legen.

▶ Die entschlackende Kraft von Nieren und Lymphbahnen wird gestärkt (regelmäßig über längere Zeit morgens Moos-achatwasser trinken).

▶ Er wirkt reinigend und kräftigend auf Haut und Haare.

▶ Er hilft gegen Nervosität.

▶ Moosachat macht erdverbunden und ist damit Glücks-stein für Gärtner und Bauern.

Anwendung und Pflege: Er entfaltet seine Energie nur in di-rektem Hautkontakt. Unter fließendem lauwarmen Wasser entladen und möglichst einmal im Monat in einer Bergkris-tallgruppe über Nacht aufgeladen.

Moosachat
Fundorte: *USA, Indien, China und kleinere Mengen in Südafrika und Brasilien.*

Sternkreiszeichen
Der Moosachat ist dem Steinbock zugeordnet.
Chakra
Herzchakra.

Moosopal

Weitere Bezeichnung: Mückenstein.
Farbe: hellblau, beige mit dunklen Ablagerungen.
Chemische Zusammensetzung: $SiO_2 + MnO_2$
Härte: 7
Heilwirkungen

▶ Das getrunkene Wasser, in das vorher der Stein eingelegt wurde, übt einen günstigen Einfluss bei Schwierigkeiten mit der Bauchspeicheldrüse aus.

▶ Moosopal hilft deshalb auch bei Diabetes: jeden Abend eine halbe Stunde auf die Bauchspeicheldrüse legen. Gleichzeitig eine Pyritsonne auf das Sonnengeflecht legen.

▶ Wer Schwierigkeiten mit der Leber hat, sollte den Stein zum Auflegen versuchen.

▶ Moosopalwasser wirkt bei Reizungen und Entzündungen im Magen- und Darmbereich (ein Glas über den Tag verteilt trinken).

▶ Der Stein stärkt schwache Nerven.

Moosopal
Fundorte: *Indien, Australien, USA, Brasilien.*

Sternkreiszeichen
Der Moosopal ist keinem Sternkreiszeichen zugeordnet.
Chakra
Herzchakra und Drittes Auge.

Moqui-Marbles

Farbe: wie Granit, je nach Metalllegierung schimmernd.
Chemische Zusammensetzung: Legierung von Metallen, hauptsächlich Mangan, Eisen, Titan, Palladium.
Härte: 7,4; obwohl die Bestandteile der Legierung alle wesentlich weicher sind; jedoch nur mit einer Härte von über 7 sind die Steine in der Lage, aus dem Erdinneren »lebendig aufzusteigen.«
Handelsübliche Formen: Moqui-Marbles werden von Indianern mit Zertifikat verkauft und bleiben so wie sie gefunden werden.
Geschichte und Legende: Mythischer Stein der Indianer, die bis heute die Fundorte als kleine Hügel beschreiben, aber geheim halten. Es sollen Steine aus dem Herzen der Erde sein,

die nicht nachwachsen. Die Steine gibt es weiblich (rund, zur Kugelform tendierend) mit glatterer Oberfläche und männlich (flach, zur Scheibenform tendierend) mit rauerer Oberfläche. Paarweise schenken sie dem Besitzer Energien fast übernatürlicher Art. Beachtet man sie nicht, sollen sie zu Staub zerfallen oder ganz verschwinden, sind sie Energiezentrum einer Familie, sollen sie sogar wachsen.

Heilwirkungen

▶ Wenn man die Steine annimmt, entfalten sie ihre Energie und geben sie an Menschen weiter.

▶ Sie schärfen den Blick und das Wissen für das Richtige und Natürliche.

Anwendung und Pflege: Moqui-Marbles sollen nie in einem Schrank oder einer Schublade eingeschlossen werden. Um ihre Kraft zu entfalten, wollen sie viel zur Kenntnis genommen und angefasst werden.

Moqui-Marbles
Fundorte:
hauptsächlich USA (Arizona), aus dem Inneren der Erde hochsteigend in abgerundeter, »fertiger« Form »wachsend«, daher lebende Steine genannt.

Sternkreiszeichen
Moqui-Marbles sind für jeden, der an die Steine glaubt.
Chakra
Keine Zuordnung.

Nephrit

Farbe: grün und grünlich grau, undurchsichtig, manchmal fleckig.

Chemische Zusammensetzung: $Ca_2 (Mg, Fe)_5 (Si_8O_{22}) (OH, F)_4 + OH, F$

Härte: 6 bis 6,5

Kristallisation: Einlagerungen wie Nester von dichten, verfilzten Kristallfasern eines Kalzium-Magnesium-Silikats, das bei der Bildung von Schiefern entsteht.

Handelsübliche Formen: Da der Stein gut spaltbar ist, wurde er früh als Schmuckstein und Amulett verwendet.

Geschichte und Legende: Der Name kommt vom griechischen »nephron« (= Niere) wegen seiner tradierten Heilkraft bei Nierenerkrankungen. In der Götterverehrung Südamerikas ist er ein altbekannter Kultstein, der über Jahrtausende als Schutzstein hoch in Ehren stand. Die Mayas glaubten, er schütze vor Verwundung, und im alten China sollte er – in

Herzform geschliffen und auf der Brust getragen – das Herz vor äußeren und inneren Verletzungen schützen. In alten Kulturen wurde der Nephrit oft zu Waffen verarbeitet, wobei ihm magische Zeichen eingeschnitten wurden.

Heilwirkungen

▶ Die Hauptwirkung des Nephrits entfaltet sich nierenkräftigend und -heilend: Dafür soll je eine Scheibe über Nacht direkt über den Nieren mit Pflaster aufgeklebt werden.

▶ Auch häufige Blasenerkältungen, Reizblase und Inkontinenz sollen auf Nephrit gut ansprechen: täglich zwei Liter Nephritwasser trinken.

▶ Nephritwasser, morgens getrunken, soll die Sehkraft verbessern.

▶ Er fördert die Kreativität gemäß den Möglichkeiten jedes Einzelnen: über längere Zeit eine Kette täglich tragen.

▶ Der Stein soll vor falschen Freunden schützen.

▶ Nachts bewahrt ein flacher Nephrit unter dem Kopfkissen vor schlechten Träumen.

Anwendung und Pflege: Bei akuten Beschwerden soll Nephrit über Nacht mit Pflaster aufgeklebt werden, sonst über längere Zeit als Amulett direkt auf der Haut tragen. Erst wenn der Stein deutlich trüb wird, unter fließend warmem Wasser entladen und einige Stunden in der schwachen Sonne neu aufladen.

Nephrit
Fundorte: *Neuseeland, Kanada, Australien, China, USA.*

Obsidian

Farbe: Gesteinsglas verschiedener Farben in Lavaergüssen.
Chemische Zusammensetzung: $SiO_2 + Fe_2O_3 + H_2O + Al$, C, Ca, Fe, K, Na
Härte: 5,5
Kristallisation: Aus kieselsäurereichen Magmagestein durch plötzliche Abkühlung entstanden.
Handelsübliche Formen: als Rohkristalle, Trommelsteine, Anhänger, Kugeln, Chakrascheiben und Pyramiden.

Sternkreiszeichen
Der Nephrit ist dem Krebs zugeordnet.
Chakra
Herz- und Kehlchakra.

Obsidian
Fundorte: *alle Gebiete, die durch Lavaergüsse entstanden sind.*

Sternkreiszeichen
Obsidian ist den Sternzeichen Skorpion und Schütze zugeordnet.
Chakra
Die schwarze und goldschimmernde Variante wird dem Dritten Auge, die dunkelbraune dem Wurzelchakra und das regenbogenfarbene Glas allen Chakras zugeordnet.

Heilwirkungen

▶ Obsidian löst Verspannungen und Energieblockaden.

▶ Er stillt Blutungen und beschleunigt die Wundheilung.

▶ Durch Verbesserung der Durchblutung ist er das richtige Mittel gegen kalte Hände und Füße.

▶ Er hat sich bei Muskelentzündungen bewährt.

▶ Er ist hilfreich bei Schmerzen im Rücken (gegebenenfalls in Kombination mit Bernstein).

▶ Der Stein hat eine belebende Wirkung bei Traumata, Schock und Ängsten.

Anwendung und Pflege: Entladen wird der Obsidian einmal im Monat unter fließend warmem Wasser, aufgeladen in der Sonne oder in einer Gruppe von Bergkristallen.

Olivin

Weitere Bezeichnungen: Chrysolith, Peridot.

Farbe: olivgrün bis gelb.

Chemische Zusammensetzung: $(Mg, Fe)_2 [SiO_4]$ + Al, Ca, Mn, Ni, Co, Cr, Ti

Härte: 6,5 bis 7

Kristallisation: Der Olivin ist ein Magnesium-Eisen-Silikat in prismatischen Kristallen des rhombischen Systems mit manchmal gerundeten Ecken, durchscheinend bis durchsichtig.

Handelsübliche Formen: geschliffen als geschätzter Schmuckstein. Kleine Stückchen – wie in Lavasand gefunden – können in Leinenbeutelchen als Heilsteine getragen werden.

Geschichte und Legende: Die Olivine der Antike kamen von der Vulkaninsel Zebirget im Roten Meer. Es ist überliefert, dass Moses einen Olivin als Schutzstein in seinem Brustpanzer trug. Im Mittelalter betont Hildegard von Bingen, dass der Peridot – ein anderer Name für den Olivin – einer der Grundsteine für die Heilkunde sei.

Heilwirkungen

▶ Olivin schützt und stärkt die Organe im Brustkorb, vor allem Herz und Lunge.

▶ Er kann bei der Rekonvaleszenz nach einem Herzinfarkt und bei Herzinsuffizienz helfen (als Kette tragen).

▶ Über die Thymusdrüse wird das Immunsystem angeregt und gestärkt.

▶ Eine Olivinkette, direkt auf der Haut getragen, schützt vor Austrocknen und Sprödigkeit der Haut.

▶ Er bekämpft Psoriasis (Schuppenflechte): zwei Wochen lang einige kleine Steine (Peridote) in Olivenöl einlegen und die befallenen Stellen regelmäßig morgens und abends damit betupfen; außerdem Bernstein tragen.

▶ Olivin schafft inneres Gleichgewicht und dämpft Emotionen wie Missgunst und Neid: eine Kette kleiner Steinchen direkt auf der Haut tragen.

Anwendung und Pflege: Nach jedem Tragen unter fließendem Wasser entladen und möglichst einige Stunden in der Sonne wieder aufladen.

Olivin
Fundorte: *in verwitterter Lava. Klare Kristalle in warmem Grün auf St. John (Ägypten), ansonsten in Norwegen, Arizona, Birma, in der Eifel, am Vesuv (Italien), auf Lanzarote.*

Onyx

Farbe: schwarz, undurchsichtig.

Chemische Zusammensetzung: $SiO_2 + C$, Fe

Härte: 7

Kristallisation: Als Achat gehört Onyx zu den Quarzen, er ist ein Oxid und kristallisiert trigonal in faserigen Aggregaten.

Handelsübliche Formen: poliert als Handschmeichler oder als Heilstein zum Auflegen, geschliffen und gefasst als Schmuck.

Geschichte und Legende: Onyx gehört zu den wichtigsten Steinen der Antike; er wurde weltweit als magischer Stein benutzt, dessen Kraft durch Zauberinschriften noch gesteigert werden sollte, wie Grabfunde bei den Indianern Amerikas ebenso bezeugen wie bei Griechen und Römern. Da der

Sternkreiszeichen
Der Olivin ist dem Krebs zugeordnet.
Chakra
Herzchakra.

Onyx
Fundorte: *Brasilien, Indien, Madagaskar, USA, Mexiko.*

Sternkreiszeichen
Onyx ist dem Steinbock zugeordnet.
Chakra
Auf allen Chakras, möglichst in Verbindung mit anderen Steinen, deren Energie er steigert.

geschliffene Onyx durch weiße Einlagerungen Formen wie ein Auge freigeben kann, wurde ihm seit Jahrtausenden Heilkraft für die Augen nachgesagt.

Heilwirkungen: Onyx muss längere Zeit getragen oder aufgelegt werden, da er seine Wirkung nur langsam entfaltet.

▶ Onyx ist ein stark auf die Haut wirkender Stein, der sogar eitrige Wunden heilt.

▶ Er hilft gegen Pilze, bei Entzündungen und selbst bei Sonnenbrand: Onyxwasser herstellen und tagsüber wiederholt auftupfen, über Nacht Umschläge machen.

▶ Er wirkt bei Entzündung der Augen: vorsichtig mit Onyxwasser waschen (stets frisches, sauberes Baumwollläppchen verwenden!).

▶ Onyx bewirkt eine weiche und geschmeidige Haut (muss allerdings sehr lange getragen werden).

▶ Er kann hilfreich bei Schwerhörigkeit und sonstigen Ohrerkrankungen sein. Morgens und abends eine Viertelstunde auf das Scheitelchakra legen.

▶ Er leitet negative Energien ab.

▶ Er macht widerstandskräftig.

▶ Er schafft Harmonie.

Anwendung und Pflege: Der Onyx braucht Zeit, um seine Energie freizugeben, wöchentlich einmal unter fließendem Wasser entladen und nach längerem Gebrauch einmal monatlich über Nacht in Erde legen.

Opal

Farbe: farblos, weiß, blau, grün, rot, purpurn, gelb, schwarz; meist – aber nicht immer – »opalisierend«, d. h. in den Farben des Regenbogens schimmernd.

Chemische Zusammensetzung: $SiO_2 + H_2O + Ca$, C, Fe, Mg
Härte: 5,5 bis 6,5

Kristallisation: Der Opal entsteht meist als Spaltfüllung in vulkanischem Gestein. Er ist ein Siliziumdioxid von amorpher Form, die nur selten traubenähnlich kristallisiert, mikroskopisch kleine Wassertropfen unter der Oberfläche des Steins geben ihm seinen Lichtschimmer.

Handelsübliche Formen: Schmuckstein zum Tragen, zum Auflegen als Heilstein, zum Betrachten in der Meditation.

Geschichte und Legende: Plinius schildert den Opal: »Er hat das zarte Feuer des Karfunkels, das glänzende Purpur des Amethyst, das prächtige Meergrün des Smaragds, das goldene Gelb des Topas, das tiefe Blau des Saphirs, so dass alle Farben in wunderbarer Mischung zusammen glänzen.« Die alten Legenden bringen den Opal unmittelbar mit den Göttern in Verbindung, die in ihm ein Bild der Schönheit aller Edelsteine schufen. Nach der griechischen Mythologie sind es Tränen des Zeus nach dem Sieg über die Titanen, die im Opal gefangen sind. Den Indern ist der Opal Glücksbringer, im Orient ist er der Stein nie versiegender Hoffnung, zuweilen wird sein Irisieren aber auch als Zauber und Unglück verkündend angesehen.

Heilwirkungen

▶ Als Stein für den Magen und die Verdauung regt er die Drüsentätigkeit an, steuert Säuren und Enzyme im Stoffwechsel und löst Verstopfungen auf (tragen).

▶ Der Opal kann bei Herzrhythmusstörungen stabilisierend wirken.

▶ Nach alten Sagen, Märchen und Überlieferungen hilft der Stein selbst bei problematischen Herzensangelegenheiten.

▶ In der Meditation ist Opal einer der stärksten Steine für die Seele, er schafft Harmonie.

Anwendung und Pflege: Der Opal soll mit keinem anderen Stein kombiniert werden. Er büßt sein glänzendes Schimmern ein, wenn er mit Parfüm, Seife oder Make-up in Berührung kommt. Öfter für eine halbe Stunde in Wasser legen. Den Stein nicht in der Sonne aufladen, sondern in einer Bergkristallgruppe.

Opal
Fundorte: *Südaustralien, Mexiko, Brasilien.*

Sternkreiszeichen
Der Opal ist der
Stein der Fische.
Chakra
Scheitelchakra.

Perle

Perle
Fundorte: *Persischer Golf, Küsten Mittelamerikas und Nordaustraliens, Golf von Mannar.*

Farbe: silber-, creme-, goldfarben, grün, blau, schwarz, stets schimmernd.

Chemische Zusammensetzung: $CaCO_3$ + verschiedene organische Substanzen.

Härte: 3 bis 4

Kristallisation: In Muscheln entstehend, gehört die Perle eigentlich zum Tierreich des Wassers, wird aber seit Menschengedenken den Edelsteinen zugeordnet. Sie besteht aus kohlensaurem Kalk und organischen Substanzen von Muscheln, dem Perlmutt, das ihr den Glanz gibt und entsteht, indem es sich einem in die Muschel eingedrungenen Fremdkörper, einem Sandkorn beispielsweise, anlagert.

Geschichte und Legende: Vor über 4000 Jahren trug die persische Königin Achemenid eine Perlenkette, die noch heute erhalten ist. Als kostbarer Schmuck von Königen, Kaisern, Zaren, Maharadschas und Fürsten sind Perlenverarbeitungen in den Museen aller Länder zu bewundern. Der Perlenschmuck der Königin von Saba existiert als Legende. Kleopatra soll besonderen Gästen Perlenpulver in Wein kredenzt haben. Die Kostbarkeit der Perlen beschreibt Luthers Bibelübersetzung mit »die Weisheit ist höher zu wägen denn Berlen« (Hiob 28,18).

Sternkreiszeichen Krebs; für den Steinbock nur die schwarze Perle. Chakra Solarplexus.

Heilwirkungen

▶ Perlenwasser über längere Zeit regelmäßig getrunken, soll den weiblichen Hormonhaushalt stabilisieren.

▶ Chronische Kopfschmerzen und Migräne stellen sich weniger oder nicht mehr ein, solange eine Perlenkette auf der Haut getragen wird.

▶ Die Perle wirkt gegen Allergien und Heuschnupfen.

▶ Sie ebnet den Weg zur Weisheit.

▶ Sie vermittelt Zufriedenheit bis ins hohe Alter.

▶ Sie warnt sensible Menschen vor Unheil.

Anwendung und Pflege: Perlen wollen auf der Haut getragen werden und nicht mit Parfüm oder Make-up in Berührung kommen. Ohne regelmäßigen Hautkontakt werden sie stumpf. Zwischen dem Tragen sollen sie nicht im Dunklen (z. B. Schublade) liegen. Entladen werden Perlen über Nacht in Meersalzwasser und aufgeladen in einer Muschel.

Prasem

Farbe: Grüntöne.
Chemische Zusammensetzung: $SiO_2 + Ca_2 (Mg, Fe)_5 [(OH, F)/Si_4O_{11}]_2$
Härte: 7
Handelsübliche Formen: Trommelsteine, Anhänger oder Chakrascheiben sind im Handel zu bekommen.
Geschichte und Legende: Die heilende Wirkung des Prasem ist seit der Antike bekannt. Der Tempel Apolls in Delphi war weitgehend aus diesem Stein erbaut, um der dort waltenden Priesterschaft innere Ruhe und ein ausgeglichenes Urteil zu garantieren.

Prasem
Fundorte: *USA, Australien, Südafrika.*

Heilwirkungen

▶ Schmerzen, Verspannungen und Energieblockaden werden von diesem Stein gelöst.

▶ Er stillt Blutungen und beschleunigt die Wundheilung.

▶ Durch Verbesserung der Durchblutung ist er das richtige Mittel gegen kalte Hände und Füße.

▶ Prasem hat eine positive Wirkung bei Asthma und allgemeinen Atembeschwerden.

▶ Er hilft bei Unruhe: am besten als Amulett tragen.

▶ Er ist der Stein für Choleriker, denn er fördert die Beherrschung und schwächt den Zorn.

Sternkreiszeichen
Der Prasem ist keinem Sternkreiszeichen zugewiesen.
Chakra
Herzchakra.

Anwendung und Pflege: Entladen wird der Prasem einmal wöchentlich unter fließend lauwarmem Wasser. Aufgeladen wird der Stein in der Sonne, in einer Gruppe von Hämatittrommelsteinen.

Prehnit

Farbe: gelb bis grün, durchscheinend.
Chemische Zusammensetzung: $Ca_2Al[(OH)_2/AlSi_3O_1O]$
Härte: 6 bis 6,5
Handelsübliche Formen: Im Handel erhältlich (aber teuer und selten) sind Trommel- und Schmucksteine.
Heilwirkungen
▶ Prehnit regt den Fettstoffwechsel an.
▶ Er entgiftet den Organismus und unterstützt Erneuerungsprozesse im Körper.
▶ Der Stein hilft, die Realität und die Wahrheit zu akzeptieren, schärft den Verstand, ermöglicht Erkenntnis.
Anwendung und Pflege: Entladen wird der Prehnit unter fließend lauwarmem Wasser, aufgeladen über Nacht im Wasser zwischen Bergkristall und Rosenquarz.

Pyrit

(→ auch Pyritsonne)
Farbe: silber, messinggelb bis goldfarben.
Chemische Zusammensetzung: FeS_2 + Co, Ni, Sb + (Ag, Au, Cu, Zn)
Härte: 6 bis 6,5
Kristallisation: Pyrit ist eine kubisch kristallisierende Eisen-Schwefel-Verbindung, es gibt aber auch kugelige und knollige Pyrite.
Handelsübliche Formen: Naturfunde zum Aufstellen im Raum oder zum Auflegen, besonders schöne Kristallisationen ungeschliffen zu Schmuck verarbeitet.
Geschichte und Legende: Der Name kommt vom griechischen »pyros« (= Feuer), da der Stein beim Anschlagen Funken sprüht: Bereits in der Steinzeit wurde er zum Entfachen des Feuers benutzt. Als »Feuerstein« ist er in Mythologie und Legenden ein magischer Stein. Die Alchemisten des

Mittelalters glaubten, mit dem Pyrit dem Gewinnen von Gold ganz nah zu kommen, woher auch sein Name »Katzengold« stammt. Als Heilstein stand er seit der Antike in hohen Ehren.

Heilwirkungen

▶ Ein starker Heilstein für die Bronchien (auch bei chronischer Erkrankung), gegen Erkältungskrankheiten bis zu Lungenentzündung: abends einen Pyrit auf das Brustbein auflegen, ergänzend Bernstein tragen.

▶ Er entkrampft das Sonnengeflecht und damit das vegetative Nervensystem.

▶ Krampfartiges Zucken und Spasmen, die oberhalb der Taille liegen, werden durch regelmäßiges Tragen einer Pyritkette gebessert.

▶ Pyrit ist hilfreich bei Diabetes und Problemen mit der Bauchspeicheldrüse: jeden Abend einen Pyrit eine halbe Stunde auf das Sonnengeflecht legen, zugleich – direkt daneben – Moosachat oder Moosopal auf der Bauchspeicheldrüse platzieren.

▶ Bei Blähungen und Sodbrennen: jeden Abend vor dem Einschlafen einen Pyrit 20 Minuten lang auf den Solarplexus legen. Zugleich einen rotbraunen Jaspis auf das Milzchakra legen.

▶ Pyrit wirkt bei Gastritis: den Stein nach dem Essen 15 Minuten auflegen. Ist das nicht möglich, dann ein Amulett an einem langen Lederband auf dem Magen tragen.

▶ Er kann bei Hepatitis hilfreich sein: als Handschmeichler oder zum Auflegen.

▶ Er hilft bei Menstruationsbeschwerden (mehrmals täglich 20 Minuten lang auf den Unterbauch auflegen).

▶ Ein aufgelegter Pyrit hilft bei Rückenschmerzen.

▶ Er hat eine positive Wirkung auf den Stoffwechsel.

▶ Über längeren Zeitraum als Handschmeichler getragen, kann er einen günstigen Einfluss auf das Stottern ausüben.

Pyrit
Fundorte: *Er wird in großen Mengen gefunden, hauptsächlich in Kohlenbergwerken und bei der Tongewinnung in Schweden, USA, Mexiko, Peru, Chile, Australien; die schönsten Pyrite aber kommen von der Insel Elba (Italien).*

Sternkreiszeichen
Als magischer Grundstein dient der Pyrit allen Sternkreiszeichen.
Chakra
Solarplexus und Kehlchakra.

▶ Ein auf den Solarplexus aufgelegter Pyrit verhilft zu mehr Ruhe und beruhigt in akuten Stresssituationen.

▶ Er löst Blockaden und Ängste (als Handschmeichler z. B. mit in Prüfungen nehmen!).

Anwendung und Pflege: Pyrit soll nur mit trockenem Meersalz gereinigt, ent- und gleichzeitig wieder aufgeladen werden; er liebt Sonne, um seinen Glanz richtig zu entfalten. Nicht mit Wasser in Berührung bringen!

Pyritsonne

Farbe: goldfarben, silbern schimmernd.

Chemische Zusammensetzung: wie Pyrit + verschiedene organische Substanzen.

Härte: 6 bis 6,5

Kristallisation: wie Pyrit, da aber organische Substanzen, die vor 250 Millionen Jahren in der Kohleentstehung abgelagert wurden, beteiligt sind, hat die Pyritsonne eine eigene konzentrische Form.

Handelsübliche Formen: Die Pyritsonne wird ausschließlich wie gefunden gebraucht, entweder zum Aufstellen oder zum Auflegen auf den Körper.

Heilwirkungen

→ Pyrit

Anwendung und Pflege: Zum Entladen in Hämatittrommelsteine, zum Aufladen in eine Bergkristallgruppe legen.

Rauchquarz

Farbe: rauchbraun bis fast schwarz, durchscheinend, sehr dunkle Varietäten werden Morion genannt.

Chemische Zusammensetzung: SiO_2 + (Al, Li, Na)

Härte: 7

Kristallisation: meist in Drusen trigonal kristallisierendes Siliziumoxid, das seine Farbe durch Aluminium, Lithium und radioaktive Strahlung gewinnt.

Pyritsonne
Fundorte: *nur in den Kohlengruben von Illinois, USA, stets in Schieferplatten eingebettet.*

Sternkreiszeichen
Die Pyritsonne ist für alle Sternkreiszeichen.
Chakra
Solarplexus.

Handelsübliche Formen: in Drusen aufgestellt, sonst geschliffen.

Geschichte und Legende: Der Rauchquarz ist seit der Antike ein Schutzstein. Soldaten sollte er im Kampf warnen, indem er sich dunkler färbte. Die dunkle Farbe machte ihn für die Römer zum Stein der Trauer, die es zu überwinden galt. In den Alpenländern werden Rosenkranzperlen und Kruzifixe noch heute aus dem Schutzstein Rauchquarz geschnitten.

Heilwirkungen

▶ Aufgelegt lindert der Stein Verdauungsschmerzen.

▶ Getragen oder auch als Handschmeichler bei sich geführt, hilft der Stein gegen Bindegewebsschwäche.

▶ Rauchquarz festigt die Muskeln und wirkt stabilisierend auf Knochen und Gelenke.

Rauchquarz
Fundorte: *weltweit.*

▶ Die Frau trägt den Stein bei Kinderwunsch auf einer Kette zusammen mit rotem Jaspis, Mondstein, Jade und Rosenquarz. Voraussetzung: Es liegt kein organischer Defekt vor. Die Kette kann zusätzlich nachts in ein Wasserglas gelegt werden. Das Wasser wird von beiden Partnern morgens nüchtern getrunken.

▶ Rauchquarz hilft bei Panikattacken.

▶ In Stresssituationen in jede Hand einen Rauchquarz nehmen (auch ungeschliffen).

▶ Er hilft Trauer zu überwinden und harmonisiert die Seele.

Anwendung und Pflege: unter fließendem lauwarmem Wasser einmal monatlich entladen und über Nacht in einer Bergkristallgruppe wieder aufladen.

Sternkreiszeichen
Rauchquarz ist dem Sternkreiszeichen Waage zugeordnet.
Chakra
Sakralchakra.

Rhodochrosit

Weitere Bezeichnung: mit konzentrischen Ringen auch Inkarose genannt.

Farbe: rosa, teils mit weißen Streifen, undurchsichtig.

Chemische Zusammensetzung: $MnCO_3$ + Ca, Fe, Zn

Härte: 4 bis 4,5

Rhodochrosit
Fundorte: *in vielen Erzabbaustellen der Erde, jedoch meist in kleinen Kristallen; große, die sich zur Schmuckverarbeitung eignen, kommen aus Peru und Colorado (USA).*

Kristallisation: Es handelt sich um ein trigonal kristallisierendes Karbonat, das in Manganerzlagerstätten als Stalagmiten wächst oder Hohlräume füllt.

Handelsübliche Formen: poliert zum Auflegen oder als Handschmeichler; gemugelt zu Perlenketten, geschliffen zu Schmuck.

Geschichte und Legende: Der Name kommt vom griechischen »rhodochrosis« (= rosenfarbig). Bei den Indianern wurde der Stein seit jeher als Liebespfand geschenkt und als heilig verehrt. Bei uns wurde der Rhodochrosit erst 1950 den Edelsteinen zugeordnet.

Heilwirkungen

▶ Blutdruck und Kreislauf werden stabilisiert.

▶ Sklerotisierungen und Verengungen der Gefäße werden abgebaut, daher ist der Rhodochrosit ein guter Stein gegen chronische Migräne, was allerdings langen Gebrauch erfordert. Bei akutem Schmerz wird ein Stein auf die Schmerzstelle des unteren Hinterkopfs gelegt, bis der Schmerz nachlässt.

▶ Er hat eine reinigende Wirkung auf den gesamten Stoffwechsel.

▶ Er ist ein guter Heilstein für Hautunreinheiten, selbst bei Akne: als Handschmeichler bei sich tragen und regelmäßig jeden Abend mit Aventurinwasser waschen (Aventurin jeweils tagsüber in Regen- oder Quellwasser einlegen).

▶ Rhodochrosit wirkt allgemein durchblutungs- und regenerationsfördernd auf die Haut.

▶ Eine Kette aus dem Stein fördert die Selbsterkenntnis und schützt gegen Verleumdungen.

Anwendung und Pflege: nach jeder therapeutischen Anwendung kurz unter fließendem Wasser entladen, lieber in einer Bergkristallgruppe als in der Sonne wieder aufladen. Stellt man Trübungen oder Verfärbungen fest, dann den Stein so lange am Körper tragen, bis diese verschwinden.

Rhodonit

Farbe: altrosa mit dunklen Einlagerungen.
Chemische Zusammensetzung: $CaMn_4[Si_5O_{15}]$ + Al, Ca, Fe, K, Li, Na
Härte: 5,5 bis 6,5
Kristallisation: Er bildet sich meist durch Metamorphose in Manganerzlagerstätten, wo er triklin als Kettensilikat kristallisiert, in das sich die schwarzen Flecken von Mangandioxid einlagern.
Handelsübliche Formen: poliert zum Auflegen und Tragen; geschliffen als Schmuck.
Geschichte und Legende: Der Name stammt vom griechischen »rhodon« (= Rose); in der Antike galt der Rhodonit als Schutzstein der Reisenden. Er soll vor Gefahren gewarnt haben, indem er den Herzschlag beschleunigte.
Heilwirkungen
▶ Er stärkt das Herz bei beginnender Insuffizienz.
▶ Er heilt Erkrankungen an Atemwegen und Lunge.
▶ Rhodonit regt die Sexualität an und ist hilfreich bei Impotenz: abends 20 Minuten lang auf das Sexualchakra legen oder unterhalb des Nabels zum Massieren benutzen.
▶ Er lindert Ängste und Phobien aller Art.
Anwendung und Pflege: alle zwei Wochen unter fließendem Wasser entladen und in der Sonne über einige Stunden wieder laden.

Rhodonit
Fundorte: *Südafrika, Australien, China, USA, Mexiko, Ural.*

Sternkreiszeichen
Rhodonit ist dem Sternzeichen Stier zugeordnet.
Chakra
Herz- und Sakralchakra.

Rosenquarz

Farbe: rosa, durchscheinend.
Chemische Zusammensetzung: SiO_2 + Al, Fe, Na, Ti + (Ca, Mg, Mn)
Härte: 7
Kristallisation: ein trigonal kristallisierendes Quarzoxid, Mangan und feinste Eisen-Rutil-Nädelchen ergeben die Far-

be. Liegen diese Nädelchen konzentrisch günstig, so kann der Schliff Asterismus, d. h. einen Stern ergeben.

Handelsübliche Formen: poliert zum Auflegen und als Handschmeichler, faustgroße, rohe Steine zum Aufstellen als Kraftstein, geschliffen zur Schmuckverarbeitung.

Geschichte und Legende: Amor und Eros sollen den Rosenquarz auf die Erde gebracht haben, damit er mit seiner lebensfrohen Farbe Liebe anrege und Begehren wecke. Er war und ist seit Jahrhunderten ein verehrter Fruchtbarkeitsstein. Gibt er im Schliff einen Stern frei, so wird der Rosenquarz seit dem Mittelalter zum Liebeszauber genutzt, dem vor allem junge Mädchen erliegen sollen.

Heilwirkungen

Rosenquarz
Fundorte:
Madagaskar,
Brasilien, USA,
Österreich.

▶ Rosenquarz als natürliches faustgroßes Quarzstück ist der wichtigste Stein zum Entstören schädlicher Strahlen: Auf den Bildschirm des PC gestellt, werden Kopfschmerzen und Augenermüdung vermieden.

▶ Neben das Bett gelegt, hilft er gegen Erd- und Wasserstrahlen und verhilft damit zu besserem Schlaf. Den Stein einmal wöchentlich unter fließendem Wasser entladen.

▶ Rosenquarz verbessert die Durchblutung.

Sternkreiszeichen
Der Rosenquarz ist
dem Sternkreis-
zeichen Stier zu-
geordnet und – als
Nebenstein –
der Waage.
Chakra
Herzchakra.

▶ Er wirkt fördernd auf Sexualität und Fruchtbarkeit und kann Kinderwünsche erfüllen helfen – sofern keine organische Ursache vorliegt: Die Frau trägt den Stein auf einer Kette zusammen mit rotem Jaspis, Mondstein, Rauchquarz und Jade. Die Kette kann ferner über Nacht in Wasser gelegt werden, das von beiden Partnern morgens nüchtern getrunken werden sollte.

▶ Er wirkt schmerzlindernd und erfrischend bei Gürtelrose.

▶ Er beruhigt Abszessschmerzen: den ungeschliffenen Stein neben das Bett legen und jede Woche einmal unter fließendem Wasser entladen.

▶ Hilfreich bei Gallenblasenproblemen: das geschliffene oder ungeschliffene Mineral mehrmals täglich auflegen.

▶ Rosenquarz hilft bei Leberleiden (als Handschmeichler).
▶ Er fördert die Heilung nach einem überstandenen Herzinfarkt: ein Stück des Minerals neben dem Bett nachts auf den Boden legen (einmal wöchentlich unbedingt unter fließendem Wasser entladen).
▶ Er zeitigt beste Erfolge bei Schlafstörungen und Alpträumen – vor allem bei unruhigen Kindern.
▶ Rosenquarz ist hilfreich bei Bettnässen: dazu einen mindestens faustgroßen ungeschliffenen Kristall etwa 80 Zentimeter entfernt vom Bett auf den Boden legen und einmal wöchentlich unter fließendem Wasser entladen.
▶ Er erhält die Freundschaft.
▶ Er hilft gegen Liebeskummer.
▶ Er macht offen für alles Schöne.

Anwendung und Pflege: Rosenquarz entfaltet seine starke Energie bereits, wenn er als Rohstein im Raum aufgestellt wird. Entladen unter fließendem Wasser oder in Hämatittrommelsteinen, aufladen am besten über Nacht in einer Amethystdruse.

Rubin

Weitere Bezeichnung: Karfunkel.
Farbe: rot, selten durchscheinend.
Chemische Zusammensetzung: Al_2O_3 + Cr, Ti
Härte: 9
Kristallisation: Er gehört zu den Korunden, trigonal kristallisierten Aluminiumoxiden. Einlagerungen von Chrom ergeben die Farbe, konzentrische Rutilnädelchen machen selten den Schliff eines Sternrubins möglich.
Handelsübliche Formen: geschliffen zu Schmuck oder zum Auflegen.
Geschichte und Legende: Vom lateinischen »rubeus« (= rot) leitet sich der Name ab. Seiner Schönheit und Seltenheit wegen nannten die Griechen ihn die Mutter aller Edelsteine.

Rubin
Fundorte: *Sibirien, Thailand, Indien, Birma, Siam, Sri Lanka, Brasilien.*

Aristoteles schreibt: »Einer ist rot wie reines Blut und heißt Rubinus. Dieser ist der beste von allen.« Die Römer sprachen von der »Blume unter den Steinen«. Rubin oder Granat soll der sagenumwobene Karfunkelstein sein, der als Gralsgefäß einige Tropfen von Christi Blut bewahrt. Als steingewordene göttliche Liebesenergie soll der Rubin Eros, die sinnliche Liebe, und Agape, die geistige Liebe, vereinen. Im Mittelalter war der Rubin Zauberstein gegen die Pest. Verdunkelte sich seine Farbe, so floh sein Besitzer in eine andere Gegend, um sich vor Ansteckung zu bewahren, und kehrte erst zurück, wenn der Stein heller wurde.

Heilwirkungen

Sternkreiszeichen
Der Rubin ist dem
Sternkreiszeichen
Widder zugeordnet.

Chakra
Wurzel- und Herz-
chakra.

▶ Der Rubin stärkt die Abwehrkraft bei Infektionskrankheiten und das Herz: Man kann ihn über Nacht in einige Schluck Rotwein einlegen (dazu eignet sich auch ein als Schmuck gefasster Rubin). Am nächsten Tag den Wein in kleinen Schlucken trinken.

▶ Augenentzündungen klingen ab, wenn ein Rubin – auch als Schmuck gefasst – aufgelegt wird.

▶ Er wirkt zusammen mit Amethyst gegen zu niedrigen Blutdruck (Hypotonie).

▶ Der Rubin fördert sexuelle Energie, wenn er über dem Schambein bewegt wird. Der getragene Stein wird idealerweise in Kombination mit Granat verwendet.

▶ Er kann bei Impotenz hilfreich sein: regelmäßig jeden Abend 20 Minuten lang einen Naturrubin auf das Sexualchakra legen.

▶ Als Glücksstein der Liebe erweckt der Stein die Liebe und die Leidenschaft.

▶ Er sensibilisiert in der Partnerschaft.

▶ Er hilft gegen schlechten Einfluss.

Anwendung und Pflege: zweimal monatlich unter fließendem Wasser entladen und mindestens zwei Stunden in der Sonne wieder aufladen.

Saphir

Farbe: meist blau, aber auch grün, gelb und violettschwarz.

Chemische Zusammensetzung: Al_2O_3 + Fe, Ti

Härte: 9

Kristallisation: Saphir ist ein Aluminiumoxid und gehört zu den sehr harten Korunden. Er kristallisiert trigonal in Schiefern, Marmor, Gneisen. Metallische Einlagerungen lassen verschiedene Farben entstehen. Der berühmte blaue Saphir beispielsweise verdankt seine Farbe den Metallen Eisen und Titan.

Handelsübliche Formen: geschliffen zu Schmuck und Schmuckstücke auch zum Auflegen. Der sehr seltene Padparadscha (Sternsaphir) ist als Amulett für eheliche Treue in Gebrauch.

Geschichte und Legende: Schon die Bibel vergleicht den Saphir dem Himmelsblau: »Siehe, über der festen Platte, die sich zu Häupten der Cherubine befand und anzusehen war wie ein Saphir, war etwas wie ein Thron zu sehen« (Prophet Hesekiel). Und in der Apokalypse wird der Saphir als einer der Grundsteine des damaligen Jerusalems genannt.

Der Name kommt aus dem Sanskrit von »sani« (= Saturn), denn es ist der durch die Kraft des Saturns schützende Stein, den sich Kaiser und Könige schon seit der Antike nutzbar machten. Damigeron schreibt 200 n. Chr.: »Der Saphir ist von Gott großer Ehren teilhaftig, Könige pflegen ihn um den Hals zu tragen, denn er ist der kräftigste Schutz.« Ihm wurden magische Kräfte zugeschrieben, Hildegard von Bingen soll im Mittelalter sogar Besessenheit mit ihm kuriert haben.

Heilwirkungen

▶ Saphir soll der stärkste Stein für das Nervenkostüm sein.

▶ Er wirkt ausgleichend über die Funktion der Schilddrüse und ist auf diesem Weg auch wirksam gegen das so genannte Cor nervosum (nervöse Herzbeschwerden).

Saphir
Fundorte: *Sri Lanka, Birma, Hinterindien, Australien und Brasilien, auch Nordamerika.*

Sternkreiszeichen
Den Fischen gehört der blaue Saphir, dem Stier der helle, dem Zwilling der gelbe und der Waage der Sternsaphir.
Chakra
Drittes Auge.

▶ Bei Appetitlosigkeit: jeweils über Nacht einen Saphir (auch als Schmuckstück gefasst) in ein Glas Wasser einlegen und dies jeweils eine Viertelstunde vor den Mahlzeiten über den Tag verteilt trinken.

▶ Ein Bad in heißem Saphirwasser soll in der Linderung rheumatischer Erkrankungen geradezu Wunder wirken: zweimal wöchentlich je eine Viertelstunde.

▶ Als Schmuck getragen, verleiht der Saphir Ruhe und mehr Gelassenheit.

▶ Er stärkt den Willen und die Kraft zur Gesundung.

Anwendung und Pflege: Der Saphir soll in trockenem Meersalz ent- und gleichzeitig wieder aufgeladen werden; möglichst nicht der Sonne aussetzen!

Sarder
Fundorte: *vor allem Brasilien, wo Sarder bis zu Kopfgröße gefunden wurden, ansonsten in Indien, Madagaskar, Australien, Südwestafrika, aber auch Deutschland.*

Sternkreiszeichen
Der Sarder ist dem Sternzeichen Skorpion zugeordnet.
Chakra
Wurzelchakra.

Sarder

Farbe: rot bis bräunlich mit Schattierungen.

Chemische Zusammensetzung: SiO_2 + Fe

Härte: 7

Kristallisation: Er gehört als Chalcedonachat zu den Quarzen, ist ein Siliziumoxid und wird oft bei dem andersfarbigen, gleich kristallinen Sardonyx mitgeführt; dieser ist jedoch schwarz mit weißen und streifigen Einschlüssen.

Handelsübliche Formen: meist nur als Handschmeichler und zum Auflegen.

Geschichte und Legende: Der Name soll aus dem Altertum und von der kleinasiatischen Stadt Sardes herrühren. Die Griechen und Römer nannten ihn Stein des Feuers. Die Bibel spricht in der Apokalypse vom Sarder, aber in der Überlieferung überschneiden sich Carneol und Sarder. Dieser war stets mehr Kult- als Schmuckstein.

Heilwirkungen: Er ist einer der wichtigen Steine gegen Tumore, Geschwüre und Myome.

▶ Dem aufgeklebten Stein wird nachgesagt, das Wachstum eines Tumors zum Stillstand bringen zu können.

▶ Ergänzende Therapie bei Myomen (daneben Carneol und/oder schwarzen Turmalin auflegen): über längere Zeit aufkleben, bis die Myome allmählich austrocknen.

▶ Regelmäßiges Trinken von Sarderwasser reguliert die Leber- und Gallenblasentätigkeit.

▶ Als »Stein des Feuers« hilft das Auflegen gegen Arthritis, Gicht und rheumatische Beschwerden.

▶ Er wirkt regulierend auf den Blutdruck und hilft bei Konzentrationsschwächen und Schlafproblemen.

▶ Der Stein gewinnt und bewahrt die Freundschaft.

▶ Er löst Egozentrik und Fanatismus, ist also ein guter Heilstein für Egoisten und Introvertierte.

Anwendung und Pflege: Entladen wird der Sarder in einer Schale mit Wasser und Hämatittrommelsteinen, zum Aufladen in die heiße Mittagssonne legen.

Serpentin
Fundorte: *Südwestafrika, China, Indien, USA, Italien.*

Serpentin

Farbe: gelblich, grünlich, braun, fettig glänzend.

Chemische Zusammensetzung: $Mg_6 [(OH)_8/Si_4O_{10}] + Al$, Cr, Fe, Mn, Ni

Härte: 3 bis 4

Handelsübliche Formen: Im Handel erhältlich sind Trommel- und Schmucksteine.

Heilwirkungen

▶ Serpentin bringt Hilfe bei Herzrhythmusstörungen und allen Nierenleiden.

▶ Des Weiteren hilft der Stein bei Magen-Darm-Beschwerden und Menstruationsbeschwerden.

▶ Serpentin gleicht Stimmungsschwankungen aus.

▶ Er beruhigt bei Stress und Hektik.

Anwendung und Pflege: Entladen wird der Serpentin unter fließend lauwarmem Wasser, aufgeladen wird er über Nacht im Wasser zwischen Bergkristallen oder den Stein einige Stunden in die Sonne (nicht zu heiß!) legen.

Sternkreiszeichen
Der Serpentin ist keinem bestimmten Sternkreiszeichen zugeordnet.

Chakra
Herz und Sakralchakra.

Silber

Silber
Fundorte: *Australien, Mexiko, GUS.*

Farbe: silbrig glänzend.

Chemische Zusammensetzung: Ag

Härte: 2,5 bis 3

Kristallisation: Es handelt sich um ein weiches Edelmetall, kein Mineral.

Handelsübliche Formen: Silber wird heute häufig industriell genutzt; Tafelsilber, Kunstgegenstände, Schmuck und nicht zuletzt Münzen werden aus Silber hergestellt.

Geschichte und Legende: Die Rolle des Silbers ist ähnlich der des Goldes, und bis ins 18. Jahrhundert wurde es nahezu gleichermaßen geschätzt. Schon aus dem 4. Jahrtausend v. Chr. sind uns silberne Schmuckstücke überliefert. Sachsen war lange Zeit Hauptlieferant für Silber und wurde durch dieses Metall reich. Nach der Entdeckung Amerikas wurde in den USA und Mexiko im Lauf der Zeit so viel Silber gefördert, dass Wert und Preis stark sanken.

Heilwirkungen

▶ Silber überträgt und steigert teilweise die Energien von Heilsteinen, so dass diese – in Silber gefasst – besonders stark wirken.

▶ Das Metall selbst reguliert den Flüssigkeitshaushalt des Körpers.

▶ Es reduziert Übersäuerung im Magen. Der Schmuck hilft damit auch gegen Sodbrennen (eventuell zusammen mit einer Türkiskette tragen).

▶ Es wirkt beruhigend gegen Jähzorn und sorgt für innere Ausgeglichenheit.

▶ Silber stärkt das Selbstbewusstsein und baut Schüchternheit und Hemmungen ab.

Anwendung und Pflege: Silber verstärkt die Wirkung der meisten Edelsteine, vor allem von Türkis und Koralle. Ein Bad in Kukidentlösung hält Silber glänzend.

Sternkreiszeichen
Silber ist keinem bestimmten Sternkreiszeichen zugeordnet.
Chakra
Alle Chakras.

Smaragd

Farbe: Grün verschiedener Farbtiefen.
Chemische Zusammensetzung: Al_2Be_3 (Si_6O_{18}) + K, Li, Na + (Cr)
Härte: 7 bis 8
Kristallisation: Er gehört zu den Beryllen, kristallisiert hexagonal in sechsseitigen Stängeln; die grüne Farbe entsteht durch Chrombeimengung.
Handelsübliche Formen: Edelsteinwasser für Umschläge, kleine Splitter zum Auflegen oder als Kette gefasst; geschliffen wird der Stein zu kostbarem Schmuck verarbeitet.
Geschichte und Legende: In der Mythologie ist der Smaragd der Stein Merkurs, des Götterboten und Gottes der Wege, weswegen er Schutzstein aller Reisenden ist. Alle Kulturen in Ost und West, alle Herrscherhäuser schätzten den Smaragd. Den Reichtum der Pharaonen begründeten die Smaragde aus der Nähe des Roten Meeres. Kleopatra versuchte, ewige Jugend und Schönheit durch den Widerschein der kostbarsten Smaragde auf ihrer Haut zu erreichen, war doch der Smaragd Symbol des ewig Liebenswerten. Im 13. Jahrhundert schrieb Bartholomäus Angelicus: »Der Smaragd ist ein edler Stein. Seine Farbe ist grün wie der kühle Grund des Meeres bei leuchtendem Himmel. Er ist einer der besten Steine, eine königliche Hand zu schmücken.« Und 600 Jahre später spricht Goethe in den »Wahlverwandtschaften« von Ottilie als einem Smaragd an Schönheit. Viele der berühmtesten Smaragde haben die Konquistadoren von den Inkas geraubt und nach Europa gebracht.

Heilwirkungen

▶ Bei Augenentzündung: mit Smaragdwasser waschen (stets frisches, sauberes Baumwollläppchen verwenden!).
▶ Er ist ein starker Stein bei allen Gleichgewichtsstörungen, wird also bei multipler Sklerose, bei Parkinson, bei Epilepsie

Smaragd
Fundorte: *Indien, Pakistan, Australien, Südafrika, USA, Brasilien, Griechenland.*

Sternkreiszeichen
Smaragd ist der Stein der Krebse.
Chakra
Herzchakra.

und Schwindel verschiedener Genese eingesetzt – günstig in Verbindung mit Turmalin (grün, rosa und rot).

▶ Er wirkt gut gegen Kopfschmerzen.

▶ Er trägt dazu bei, Harmonie zu stiften.

▶ Er löst Verkrampfungen.

Anwendung und Pflege: Der Stein soll regelmäßig, nach jedem Gebrauch, unter fließendem Wasser entladen werden; einmal monatlich zum Aufladen in die Sonne legen. Seine Kraft entfaltet er besonders zusammen mit Bergkristall und Rubin.

Sodalith

Sodalith
Fundorte: *Brasilien, Südwestafrika, China.*

Sternkreiszeichen
Der Sodalith ist
dem Schützen
zugeordnet.
Chakra
Drittes Auge.

Farbe: dunkelblau.

Chemische Zusammensetzung: $Na_8 [Cl_2/(AlSiO_4)_6]$ + Be, K, Mg

Härte: 5 bis 6

Kristallisation: ein kubisch kristallisierendes Natriumquarz in Gerüstsilikatform, dem Kalziumeinschlüsse weiße Stellen geben.

Handelsübliche Formen: poliert als Handschmeichler und zum Auflegen, geschliffen als Schmuck.

Geschichte und Legende: Der Name setzt sich aus dem griechischen »soda« (= Salz) und »lithos« (= Stein) zusammen, da der Stein einen hohen Salzgehalt aufweist. Er galt seit dem Altertum als Stein der Künstler für Inspiration, Kreativität und Schutz. Im Mittelalter verlor sich seine Bedeutung, und erst die Neuzeit entdeckte den Sodalith wieder als beliebten Schmuck- und Heilstein.

Heilwirkungen

▶ Sodalith hält zu hohen Blutdruck (Hypertonie) in Schach: tragen und vor dem Einschlafen eine Viertelstunde auf dem Dritten Auge auflegen.

▶ Er wirkt beruhigend und harmonisierend über die Schilddrüse ins vegetative Nervensystem.

▶ Sodalith balanciert eine unausgeglichene Hormonproduktion der Schilddrüse aus.

▶ Er wirkt allgemein anregend und stabilisierend auf Drüsenfunktionen – idealerweise in Kombination mit Chrysopras.

▶ Sodalithwasser, täglich nüchtern getrunken, ist ein erfolgreiches Mittel gegen Diabetes.

▶ Sodalith hilft bei chronisch wiederkehrender Mandelentzündung: eine Kette aus kleinen Steinen zusammen mit Türkis, Chalcedon, Aquamarin und blauem Topas über längere Zeit hinweg tragen.

▶ Er kann gegen Nervenentzündungen wirken (als Handschmeichler bei sich tragen).

▶ Der Stein verleiht Flügel, wenn es um Inspiration und Kreativität geht.

▶ Zugleich ist er ein Stein zur Beruhigung (selbst für Choleriker geeignet).

▶ Sodalith verhilft zu seelischem Gleichgewicht.

Anwendung und Pflege: Um seine Energie zu entfalten, muss man den Stein über längere Zeit tragen oder als Handschmeichler bei sich haben. Er ist einmal wöchentlich unter fließendem Wasser zu entladen und in einer Schale Wasser, zusammen mit Bergkristall, wieder aufzuladen.

Speckstein
Fundorte: *weltweit.*

Speckstein

Farbe: weiß, grau, rosa, rot, gelb und grünlich.
Chemische Zusammensetzung: $Mg_3Si_4O_{10}(OH)_2$
Härte: 1, mit dem Nagel ritzbar.
Kristallisation: Speckstein ist eine ganz weiche Magnesium-Silizium-Verbindung.
Handelsübliche Formen: pulverisiert in der Therapie; als Schnitzmaterial.
Geschichte und Legende: Seit 4000 v. Chr. bis heute sind Specksteinschnitzereien bekannt, da der weiche Stein sich sehr gut bearbeiten lässt. Die berühmten Friedenspfeifen

Sternkreiszeichen
Speckstein hat
keine besondere
Zuweisung.
Chakra
Keine
Zuordnung.

Sternkreiszeichen
Der dunkelblaue
Spinell wird dem
Schützen, der rote
dem Skorpion
zugewiesen.
Chakra
Der rote Stein ist
dem Wurzelchakra
zugeordnet, der
blaue dem Dritten
Auge, der violette
dem Kronenchakra.

der Indianerstämme waren fast immer aus Speckstein. So alt wie die Geschichte der Menschheit ist auch die Überlieferung, dass pulverisierter Speckstein, zu Pasten verarbeitet, verjüngend und regenerierend auf die Haut wirke. Hildegard von Bingen beschreibt diese Wirkung ausführlich. Noch heute ist dieser Talk Bestandteil vieler Kosmetika.

Heilwirkungen: Der Stein hat wenig Energie.

▶ Speckstein wirkt sanft gegen Hautprobleme: Kleinere Rötungen oder juckende Stellen werden mit Specksteinsalbe bestrichen oder mit einem Stein belegt, chronische größere Flächen (Akne, Sonnenbrand, Allergien) werden mit Specksteinsalbe bedeckt.

▶ Specksteinpuder hilft gegen feuchte Hände, Schweißfüße und Schwitzen.

▶ Eine regelmäßige Anwendung von Specksteinpulver vermindert Alterserscheinungen und Faltenbildung der Haut.

▶ Speckstein ist ein Stein für junge Menschen zur Entfaltung einer eigenen Persönlichkeit.

▶ Er weckt Ehrgeiz in Schule und Beruf: solange die Wirkung erwünscht ist, bei sich tragen.

Anwendung und Pflege: gemahlen zum Ansetzen von Essenzen oder als Badezusatz; fühlt sich ein Stein matt an, soll er für einige Tage in Erde eingegraben werden, das baut seine Energie wieder auf.

Spinell

Farbe: rosa, rot, violett, orange, blau, dunkelgrün, schwarz, durchscheinend.

Chemische Zusammensetzung: $Mg(Al_2O_4)$

Härte: 8

Kristallisation: kubisch kristallisierender Oktaeder von Magnesium-Aluminium-Oxid, die sehr selten und meist nur sehr klein in metamorphen Gesteinen von Seifenlagerstätten gefunden werden.

Handelsübliche Formen: geschliffen und gefasst.

Geschichte und Legende: Bis vor 150 Jahren wurde der Spinell mit Rubin oder Saphir verwechselt und wanderte als solche in die Schatzkammern der Herrscher. Der Schmelzpunkt des Spinells liegt – kaum erreichbar – bei 2135 °C.

Heilwirkungen

▶ Spinell ist hilfreich bei Magenblutungen und -geschwüren: Spinellwasser trinken und abends den Stein auflegen.

▶ Umschläge mit Spinellwasser und Auflegen eines Spinells helfen bei Entzündungen.

▶ Er verstärkt das Gefühl der Treue: Man muss ihn allerdings immer bei sich tragen.

▶ Er ist ein Stein der Ruhe und Meditation.

Anwendung und Pflege: Einmal im Monat unter fließendem Wasser entladen und für kurze Zeit in der Sonne wieder aufladen.

Steinsalz

Steinsalz
Fundorte: *USA, GUS, BRD und China.*

Farbe: farblos, rosa, bläulich, durchsichtig.

Chemische Zusammensetzung: NaCl

Härte: 2

Handelsübliche Formen: genau hinsehen im Supermarkt: Nur Salz mit würfeliger Form ist echtes Steinsalz.

Heilwirkungen

▶ Steinsalz aktiviert den Stoffwechsel und den Kreislauf, besonders wenn man schon morgens ein Glas Salzwasser zu sich nimmt.

▶ Es ist lebensnotwendig für den Flüssigkeitshaushalt in unserem Körper.

▶ Salzbäder verschönern die Haut und die Haare und können sogar bei schweren Hautleiden (Neurodermitis) helfen. Zu viel Salz aber ist schädlich!

Anwendung und Pflege: kurz vor Gebrauch mit Wasser spülen (nur kurz!). Trocken aufbewahren.

Sternkreiszeichen
Steinsalz hat keine besondere Zuweisung.

Chakra
Keine Zuordnung.

Sugilith
Fundorte: *Südafrika, sehr selten Japan.*

Sternkreiszeichen
Sugilith ist der Stein der Fische und der Waage.
Chakra
Alle Chakras.

Sugilith

Farbe: lila, undurchsichtig.

Chemische Zusammensetzung: $(K, Na)_2/(Fe, Ti)_2 (Al, Li)_3 [Si_{12}O_{30}]$

Härte: 6,5 bis 7

Handelsübliche Formen: poliert als Handschmeichler oder zum Auflegen, als Kugeln oder Pyramiden, gemugelt oder geschliffen als Schmuck.

Heilwirkungen

▶ Der Sugilith wirkt beruhigend auf das Nervenkostüm.

▶ Er lindert Schmerzen aller Art.

▶ Er hilft auch bei Epilepsie und Bewegungsstörungen.

▶ Bei Kindern kann er gegen Legasthenie eingesetzt werden.

▶ Ein stets getragener Handschmeichler aus Sugilith kann die Bekämpfung von Krebs unterstützen.

▶ Aufgelegt, hilft der Stein bei Migräne.

▶ Er verhilft einem konsequent und selbstbestimmt zu leben, erleichtert, sich auch Unangenehmem zu stellen.

Anwendung und Pflege: wird monatlich unter Hämatittrommelsteinen entladen. Braucht keine neue Ladung, weil er sehr energiereich ist.

Tigerauge

Weitere Bezeichnung: helle Varietät des Falkenauges.

Farbe: goldbraun schimmernd, mit Streifen.

Chemische Zusammensetzung: $SiO_2 + FeOOH$

Härte: 6,5 bis 7

Kristallisation: ein trigonal kristallisiertes, parallelstängeliges Quarzaggregat mit eingebetteten Limonitfasern (Brauneisen). Es handelt sich um ein durch Verwitterung weiteroxidiertes Falkenauge.

Handelsübliche Formen: poliert als Handschmeichler oder zum Auflegen, gemugelt oder geschliffen als Schmuck.

Geschichte und Legende: Im Mittelalter nutzte man Tigeraugen gegen den bösen Blick und Verhexung. Dem Mythos nach soll es vor verbrecherischen Handlungen, schlechten Einfluss und falschen Freunden bewahren.

Heilwirkungen

▶ Tigerauge ist ein guter Heilstein für die Bronchien, wenn es über das Nabelchakra aufgelegt oder – bei akuter Bronchitis – über Nacht aufgeklebt wird.

▶ Bei Asthma sollte stets ein Tigerauge mitgeführt werden.

▶ Es heilt Erkrankungen an Knochen und Gelenken.

▶ Der Stein kann Kopfschmerzen lindern.

▶ Er hilft bei stressbedingter Migräne: mit dem Stein die Schläfen leicht kreisend sanft massieren.

▶ Aufgelegt hilft der Stein bei Leberleiden.

▶ Der Handschmeichler wirkt gegen Depressionen und steigert die Konzentrationsfähigkeit.

▶ Tigerauge hilft, Entscheidungen zu treffen.

Anwendung und Pflege: als Schmuck nie länger als einige Tage tragen, da der Stein den Energiefluss hemmt. Nach dem Benutzen als Heilstein unter fließendem Wasser entladen und einige Stunden in der Sonne wieder aufladen.

Tigerauge
Fundorte: *Südafrika, Westaustralien, Indien, USA.*

Topas

Farbe: Edeltopas oder Goldtopas sind hellgelb bis goldgelb, Varietäten in Weiß, Silbrig und Blau und Rosa.

Chemische Zusammensetzung: $Al_2 [Fe_2/SiO_4] + OH + (Cr, Fe, Mn)$

Härte: 8

Kristallisation: Topas sind rhombisch kristallisierende Prismen mit flächenreichen Köpfen, durch Chrom wird die Farbe gelb, durch Phosphor golden, durch Mangan bräunlich und durch Eisen blau.

Handelsübliche Formen: kleine Rohsteine, Handschmeichler, geschliffen zu Schmuck.

Sternkreiszeichen
Das Tigerauge ist
der Jungfrau
zugeordnet.
Chakra
Solarplexus.

Topas
Fundorte: Ural, Sri Lanka, Südwestafrika, USA und in Zinnminen in Brasilien.

Sternkreiszeichen
Der Goldtopas ist der Jungfrau, der rosa Stein dem Löwen, der blaue dem Wassermann zugeordnet.
Chakra
Goldtopas: Solarplexus und Sakralchakra; blau: Kehlchakra; weiß: alle Chakras.

Geschichte und Legende: Der Name kann vom arabischen »topazos« (= gefunden) oder vom indischen »tapas« (= Glut) herrühren. Der Topas ist einer der ganz alten Kraft- und Schmucksteine. In der Antike galt er als Machtsymbol eines Herrschers, dem er Weisheit verleihen sollte. Über 480 Goldtopase, die einst im Erzgebirge gefunden wurden, sind in die englische Königskrone eingearbeitet.

Heilwirkungen

▸ Topas regt den Stoffwechsel und die Verdauung an.

▸ Er wirkt blutstillend: möglichst mit Hämatit und Jade tragen.

▸ Er ist wirksam bei Gicht: morgens im nüchternen Zustand Topaswasser trinken. Zusätzlich Bernstein oder Türkis tragen.

▸ Der Goldtopas eignet sich zum Auflegen bei Problemen mit der Leber und bei Geschwüren in Magen und Darm.

▸ Er wirkt entspannend, auch im seelischen Bereich.

▸ Er besänftigt Reizbarkeit und vertreibt schlechte Laune.

▸ Der blaue Stein hilft, die Hormonproduktion der Schilddrüse auszubalancieren.

▸ Eine Kette aus kleinen blauen Steinen zusammen mit Türkis, Sodalith, Aquamarin und Chalcedon hilft bei chronischer Mandelentzündung (über längere Zeit tragen).

▸ Er ist wirksam bei Sprachstörungen.

▸ Der weiße Stein hilft, sich auf etwas Neues einzustellen.

Anwendung und Pflege: Nach jedem Gebrauch soll der Topas unter fließendem Wasser gereinigt und für einige Stunden in der Sonne wieder aufgeladen werden.

Türkis

Farbe: hellblau bis türkisblau.

Chemische Zusammensetzung: $CuAl_6 [(OH)_2/PO_4]_4 \; 4 \; H_2O + Fe$

Härte: 5 bis 6

Kristallisation: Türkis ist ein Tonerdephosphat, das triklin traubenartig kristallisiert, meist in Spalten aluminiumreichen Gesteins in der Nähe von Kupferabbaugebieten.

Handelsübliche Formen: knollenartige Stücke wie gefunden, geschliffen und gemugelt zu Schmuck verarbeitet.

Geschichte und Legende: Kreuzfahrer lernten den Stein in der Türkei kennen und benannten ihn danach. Schon lange vorher war Türkis der heilige Stein der Indianer, die ihn als magischen Stein gegen drohenden Schaden benutzten. Grabbeigaben bei Ägyptern und Griechen bezeugen, dass der Stein bereits in der Antike als Schutzstein geehrt wurde.

Heilwirkungen

▶ Türkis wird bei rheumatischen Erkrankungen zusammen mit Bernstein als Schmuck (Kette und Armband) getragen.

▶ Bei Gicht ist die Kombination mit Bernstein günstig. Zusätzlich morgens nüchtern Diamant- oder Topaswasser trinken, wobei der Diamant mindestens zwölf Stunden im Wasser geruht haben muss.

▶ Türkis wirkt beruhigend auf die Schleimhäute bei Allergien und Heuschnupfen.

▶ Er ist hilfreich bei Magenschmerzen, Sodbrennen (eventuell in Verbindung mit Silberschmuck): Türkiswasser trinken.

▶ Er mildert Reizungen und Entzündungen im Hals: idealerweise als Kette tragen.

▶ Er hilft bei Mandelentzündung: als Kette zusammen mit Chalcedon, Sodalith, Aquamarin und blauem Topas.

▶ Türkis ist wirksam gegen Lungenentzündung: den Stein tragen und/oder auflegen und Türkiswasser trinken.

▶ Er stärkt Selbstvertrauen und Durchsetzungsvermögen.

▶ Als Handschmeichler ist er hilfreich bei Depressionen.

Anwendung und Pflege: entladen einmal im Monat in einer trockenen Schüssel mit Hämatittrommelsteinen und über Nacht in einer Bergkristallgruppe aufladen. Den Stein nicht in der Sonne aufladen!

Türkis
Fundorte: *Die bisher schönsten Stücke wurden in Arizona gefunden, Vorkommen sonst in Mexiko, Tibet, Burma, China, Israel (dort Eilat-Stein genannt) und im ehemaligen Schlesien, heute Polen.*

Sternkreiszeichen
Der Türkis ist dem Sternkreiszeichen Wassermann zugeordnet.
Chakra
Kehlchakra.

Turmalin

Farbe: Der Turmalin zeigt sich in den verschiedensten Farben: farblos, rosa, rot, violett, bräunlich, dunkelbraun, gelb, blau, fast schwarz und grün; stets durchscheinend.

Chemische Zusammensetzung: Ionen dreier Metalle [(OH, F)$_4$ (BO$_3$)$_2$ Si$_6$O$_{18}$]

Härte: 7 bis 7,5

Kristallisation: meist lang gestreckte, trigonal kristallisierte Prismen.

Handelsübliche Formen: meist geschliffen und zu Schmuck verarbeitet, kleine Stücke als Amulett oder Heilstein gefasst.

Geschichte und Legende: Im Laufe der Jahrtausende sind die verschiedenen Turmaline immer wieder mit anderen Edelsteinen verwechselt worden und unter falschem Namen in die Schatzkammern gewandert. In der Antike glaubte man, der Stein leuchte aus sich selbst, und eine griechische Sage erzählt, ein ganzer Tempel sei nachts von einem Turmalin erleuchtet gewesen.

Heilwirkungen

▶ Gegen Schwindel helfen der grüne, rosa und rote Stein als feine Kette getragen, eventuell zusammen mit Smaragd.

▶ Im Frühstadium von Krebs hilft eine Kette aus kleinen schwarzen oder gemischten Steinen – ergänzend zur ärztlichen Betreuung –, vor allem die psychische Widerstandskraft zu stärken.

▶ Grüner Turmalin ist ein sehr guter Stein gegen Gleichgewichtsstörungen aller Art.

▶ Er hilft bei Durchblutungsstörungen.

▶ Eine Kette aus dem grünen Stein getragen, unterstützt die Genesung nach einem Herzinfarkt.

▶ Auf das Herzchakra aufgelegt, kann grüner Turmalin gegen Angstzustände angehen.

▶ Schwarzer Turmalin stärkt die Muskulatur.

▶ Das Tragen einer Kette aus schwarzem Turmalin kann sich positiv auf den Verlauf von multipler Sklerose auswirken.

▶ Er hilft auch bei einer Hemiplegie (halbseitige Lähmung – meist nach einem Schlaganfall): sofort und für längere Zeit eine Kette aus schwarzem Turmalin direkt auf der Haut tragen. Nachts eine Bernsteinkette tragen.

▶ Schwarzer Turmalin kann zusammen mit Bernstein (auf einer Kette) gegen Nervenentzündungen wirken.

▶ Er ist wirksam bei Störungen des Gehörs: morgens und abends 15 Minuten auf das Scheitelchakra legen.

▶ Dem Stein wird auch ein günstiger Einfluss auf Ohrensausen (Tinnitus) zugeschrieben: einen halben Tag hinter dem Ohr mit Heftpflaster befestigen. Wenn sich nach zehn Tagen nichts bessert, ist auch nichts zu erreichen.

▶ Er zeigt gute Wirkung gegen Myome (auflegen, auch in Kombination mit Carneol), zusätzlich einen Sarder über längere Zeit aufkleben – die Myome trocknen langsam ein.

▶ Schwarzer Turmalin hat sich bei Zysten bewährt.

▶ Er löst Energieblockaden und wehrt negative Energien ab.

▶ Blauer Turmalin hilft Frauen bei Depressionen im Klimakterium: zusammen mit Koralle oder Mondstein tragen.

▶ Er stärkt die Abwehr gegen Erkältungskrankheiten.

▶ Rosa und roter Turmalin erhöhen das Mitgefühl.

Anwendung und Pflege: einmal im Monat unter fließendem Wasser entladen und für einige Stunden in der Sonne wieder aufladen. Nur der rosa Turmalin (Rubelit) wird nicht in der Sonne, sondern in einer Amethystdruse aufgeladen.

Turmalinquarz
Fundorte: *China, Australien, Brasilien, Madagaskar.*

Turmalinquarz

Farbe: durchsichtig mit schwarzen Linien.

Chemische Zusammensetzung: Bergkristall mit eingeschlossenem schwarzem Turmalin: $SiO_2 + NaFe_3 (Al, Fe)_6 [(OH, F)_4 (BO_3)_2 Si_6O_{18}]$

Härte: 7

Sternkreiszeichen
Der Turmalinquarz ist dem Steinbock zugeordnet.
Chakra
Nebenchakras der Hände und Füße und Drittes Auge.

Kristallisation: Quarz, mit Einschlüssen von schwarzem Turmalin.

Handelsübliche Formen: poliert als Handschmeichler oder zum Auflegen, als Schmuck- oder Trommelstein beliebt.

Geschichte und Legende: Schon im alten China wurde der Turmalinquarz zum Harmoniestein ernannt, der Yin und Yang, männliches und weibliches Prinzip, Himmel und Erde, zu einem harmonischen Ausgleich bringen soll.

Heilwirkungen

▶ Turmalinquarz ist erfolgreich bei Verdauungsstörungen und unterstützt die Entgiftung des Körpers.

▶ Er hilft bei Gleichgewichtsstörungen, Schmerzen, Nervenverletzungen, Ischiasbeschwerden und Hexenschuss.

▶ Der Turmalinquarz ist ein Harmoniestein, der Neutralität und Gelassenheit mit sich bringt sowie Aggressionen vertreibt.

Anwendung und Pflege: entladen unter Bergkristall- oder Hämatittrommelsteinen, aufladen in der Sonne.

Unakit
Fundorte: *Südafrika, Brasilien, China.*

Unakit

Weitere Bezeichnung: Epidot.

Farbe: rötlich mit grünen Sprenkeln oder umgekehrt.

Chemische Zusammensetzung: Ca_2 (Al, Fe) Al_2 [O/OH/ SiO_4/Si_2O_7] + K, Mg, Mn, Sr, Ti

Härte: 6 bis 7

Kristallisation: eine Kalzium-Eisen-Aluminium-Verbindung, mineralienreich.

Handelsübliche Formen: Trommelsteine, Ketten und Anhänger sind im Handel zu finden.

Geschichte und Legende: Der Stein wurde bei den Griechen unakis epidosis genannt, was zusammenwachsen bedeutet. Er besteht aus fest miteinander verwachsenen roten Jaspis und grünem Epidot. Daraus leitete man ab, er führe zusammen, was zusammen gehört.

Sternkreiszeichen
Der Unakit ist den Sternkreiszeichen Zwilling und Waage zugeordnet.
Chakra
Herz- und Nebenchakras der Hände.

Heilwirkungen

▶ Unakit stärkt die körpereigene Kondition und regt das Immunsystem an.

▶ Der Stein kann bei Krankheiten mit den jeweils geeigneten Heilsteinen kombiniert werden, da er deren Heilwirkung unterstützt.

▶ Er wirkt verdauungsfördernd und stoffwechselanregend.

▶ Er soll helfen, Verlorenes wieder zu finden.

Anwendung und Pflege: den Therapiestein unter fließendem Wasser entladen. Größere Stücke werden aber immer trocken in Hämatittrommelsteinen gereinigt und entladen. Einmal im Monat mehrere Stunden in einer Bergkristallgruppe wieder aufladen.

Zinnober

Farbe: rot.

Chemische Zusammensetzung: HgS

Härte: 2 bis 2,5

Kristallisation: Quecksilber-Schwefel-Verbindung; meist nicht in Kristallen, sondern als Quecksilbererz gefunden.

Handelsübliche Formen: Der Zinnober wird normalerweise nur als Rohkristall angeboten.

Geschichte und Legende: Schon 700 v. Chr. wurde Zinnober abgebaut, um daraus Quecksilber zu gewinnen. Doch auch die heilende Kraft des Zinnobers wurde von den Naturvölkern beobachtet und geschätzt.

Heilwirkungen

▶ Zinnober aktiviert im Blut die Bildung weißer Blutkörperchen, entgiftet und entschlackt den Körper.

▶ Er baut auf diese Weise das Immunsystem auf und hilft Infektionen zu vermeiden.

▶ Auf das Ohr gelegt, soll er Hörprobleme lösen.

▶ Zinnober hilft auch bei Niedergeschlagenheit und depressiven Verstimmungen.

Zinnober
Fundorte: *Spanien, GUS, Algerien, USA.*

Sternkreiszeichen
Der Zinnober ist keinem Sternkreiszeichen zugeordnet.
Chakra
Wurzelchakra.

Anwendung und Pflege: den Therapiestein einmal monatlich unter fließend warmem Wasser entladen, dann kurz in der Sonne wieder aufladen.

Zirkon

Zirkon
Fundorte: *Australien, Kambodscha, Sri Lanka, Thailand, Norwegen.*

Weitere Bezeichnung: Hyazinth (orange und rotbraun).
Farbe: farblos, gelb, orange, braun bis violett, blau und grün.
Chemische Zusammensetzung: $ZrSiO_4$ + Al, Ca, Ce, Fe, Hf, P, Th, U, Y
Härte: 6,5 bis 7,5
Kristallisation: gedrungene, vierseitige Prismen von Inselsilikaten, die in Graniten gefunden werden; meist in magmatischem Gestein.
Handelsübliche Formen: wie in der Natur gefunden zum Auflegen, geschliffen zu Schmuck verarbeitet.
Geschichte und Legende: Im Altertum nannte man den Zirkon generell Hyazinth, und als solcher ging er in die Überlieferung ein. Der Name soll der Mythologie entstammen und vom jungen Hyakinthos abgeleitet sein, den Apollo aus Eifersucht auf seine Schönheit tötete. Seinem Blut entwuchs die Hyazinthe, die ihre Schönheit im Hyazinth verfestigen durfte. Es heißt, der Zirkon besänftige Zorn und Hass, so wurde er zum Stein, der Frieden stiftet.
Heilwirkungen

Sternkreiszeichen Stier, die blaue Varietät des Zirkons wird dem Schützen zugeordnet. Chakra Wurzel- und Sakralchakra.

▶ Über Anregung der Leber- und Gallenblasenfunktion wirkt der Stein krampflösend.
▶ Er wirkt beruhigend auf die Schleimhäute bei Allergien und Heuschnupfen.
▶ Zirkon lindert Lungen- und Bronchienerkrankungen sowie Erkältungen und Beschwerden in den Atemwegen.
▶ Er wirkt fiebersenkend und antiseptisch.
▶ Er hilft Frauen bei Menstruationsbeschwerden und bei Trennungen im Leben und durch den Tod.
▶ Zirkon besänftigt Hassgefühle.

Anwendung und Pflege: Der Zirkon soll einmal im Monat in trockenes Meersalz gelegt werden. Dort entlädt er sich und lädt sich zugleich wieder auf.

Zoisit

Weitere Bezeichnung: In blau heißt er Tansanit.
Farbe: grün, rosa, blau.
Chemische Zusammensetzung: Al_3Ca_2 [O/OH/SiO$_4$/Si$_2$O$_7$] + Cr, Mg, Sr, V
Härte: 6,5
Kristallisation: Er entsteht bei der Umwandlung basischer Magmatite.
Handelsübliche Formen: Kleinere Kristalle, Trommelsteine und Scheiben sind im Handel erhältlich.
Geschichte und Legende: Der Zoisit wurde erst im 19. Jahrhundert durch den Juwelier Tiffany bekannt und ist seitdem hoch begehrt.

Heilwirkungen

▶ Der Zoisit ist eine Art Fruchtbarkeitsstein, der sich bei Mann und Frau gleichermaßen positiv auswirkt. Er gilt als Schutzstein für die Schwangerschaft.
▶ Der Stein regt die Zellteilung an und entgiftet zudem den Organismus.
▶ Der Zoisit wirkt stärkend auf das Immunsystem.
▶ Er hat günstige Wirkung bei Allergien und Heuschnupfen, bei Asthma und allgemeinen Atembeschwerden.
▶ Zoisitwasser und der aufgelegte Stein helfen gegen Krämpfe. Man kann ihn auch als Handschmeichler tragen.
▶ Er hat sich bei Stoffwechselproblemen bewährt.
▶ Er unterstützt kreative und konstruktive Tendenzen.
Anwendung und Pflege: Der Zoisit wird einmal monatlich unter fließend warmem Wasser entladen, dann in der Sonne wieder aufgeladen. Die blauen Steine werden in einer Schüssel Wasser unter Bergkristallen und Saphiren aufgeladen.

Zoisit
Fundorte: *ausschließlich Tansania.*

Sternkreiszeichen
Der Zoisit ist keinem Sternkreiszeichen zugeordnet.
Chakra
Herz- und Wurzelchakra.

Gesundheits- störungen von A bis Z

Krankheiten und Beschwerden – seien sie körperlicher oder seelischer Natur – lassen sich mit Heilsteinen lindern oder teilweise sogar ganz beseitigen. Bedenken Sie jedoch, dass Selbstbehandlung ein hohes Maß an Eigenverantwortung bedeutet. Empfinden Sie einen Stein oder seine Wirkung als unangenehm, dann verzichten Sie auf eine Behandlung mit diesem Stein. Mit einem Stein, der Ihnen wirklich hilft, werden Sie sich auch wohl fühlen.

Abszess Bernstein über Nacht mit Heftpflaster aufkleben und tagsüber tragen. Rosenquarz beruhigt den Schmerz.

Abwehrkraft Bei geschwächtem Immunsystem mindestens über ein halbes Jahr ein Labradoritamulett direkt auf der Haut tragen. Außerdem stärken Olivin und grüner Turmalin die Abwehrkraft. Einen Rubin (auch ein als Schmuck gefasster) über Nacht in einige Schlucke Rotwein einlegen. Am nächsten Tag den Wein in kleinen Schlucken trinken.

AIDS Alle Steine, die das Immunsystem stärken, dazu viel Bernstein direkt auf der Haut tragen.

Akne Paste aus geriebenem Specksteinpulver für einige Stunden auftragen; Rhodochrosit als Handschmeichler bei sich tragen und die betroffenen Stellen regelmäßig jeden Abend mit Aventurinwasser waschen (Aventurin jeweils tagsüber in Regen- oder Quellwasser einlegen). Frauen sollten auch Aventurin als Schmuck tragen.

Allergie (auch Tierhaarallergie) Das beste Mittel ist Bernstein als Handschmeichler und als Schmuck. Außerdem sind Perlen, Aquamarin, Beryll und Zoisit hilfreich. Beruhigend wirken auch Zirkon und Türkis.

Anämie (Blutarmut) Über längere Zeit eine Hämatitkugelkette direkt auf der Haut tragen und jeden Abend unter fließendem Wasser entladen.

Angina Beryll oder Aquamarin auf das Halschakra auflegen, Türkiskette tragen.

Angst Malachit, Rhodonit und Türkis tragen, Turmalin auf das Herzchakra auflegen. Wer allgemein ängstlich ist, sollte eine Aventurinkette tragen. Bei Angst in bestimmten Situationen, z. B. bei einer Prüfung: Pyrit als Handschmeichler.

Antriebslosigkeit Wird von Apatit und Carneol aufgefangen. Das Tragen oder Bei-sich-Tragen von Jaspis verleiht Energie.

Aphthen (Mundausschlag) Den Mund regelmäßig mit Bernsteinwasser spülen, wobei eine ganze Kette über Nacht in eine kleine Schale Wasser gelegt werden kann.

Gegen Angstträume helfen Heliotrop oder Chalcedon, wenn man sie nachts bei sich trägt. Oder einen ungeschliffenen Rosenquarz neben das Bett legen und jede Woche einmal unter fließendem Wasser entladen.

Appetitlosigkeit Jeweils über Nacht Saphir (auch als Schmuckstück gefasst) in ein Glas Wasser einlegen und dies jeweils eine Viertelstunde vor den Mahlzeiten über den Tag verteilt trinken.

Arthritis und Arthrose So viel wie möglich Bernstein in jeder Form tragen; auch Malachit wirkt gut.

Asthma und allgemeine Atembeschwerden Bernstein tragen, auch Tigerauge, Zoisit, Falkenauge und Prasem. Malachitwasser trinken und Malachit ins Badewasser legen; alle Therapien auf Dauer anlegen.

Augenbeschwerden Bei nachlassender Sehkraft: Smaragdkörnchen 20 Minuten in die Augenwinkel legen oder auf die Brillenbügel kleben; Bergkristall, Beryll und Chrysoberyll tragen. Bei Entzündung: mit Onyx- oder Smaragdwasser waschen (stets frisches, sauberes Baumwollläppchen verwenden!), Achat, Apatit oder Bergkristall auflegen. Bei grünem und grauem Star: regelmäßig dreimal täglich Bergkristall auf die Augen legen.

Bandscheibenschwäche Bergkristall tragen und bei Rotlichtbestrahlung 20 Minuten auf den Rücken auflegen.

Bauchschmerzen Psychosomatisch: Malachit tragen. Verdauungsschmerzen: Carneol und rotbraunen Jaspis tragen, Rauchquarz eine Viertelstunde auflegen. Regelschmerzen: Carneol tragen, Feueropal oder Feuerachat auflegen.

Beine, müde, angeschwollene Hämatit, Bernstein und Chalcedon, am besten als Mischkette tragen.

Bettnässen Einen ungeschliffenen Rosenquarz etwa 80 Zentimeter entfernt vom Bett auf den Boden legen und einmal wöchentlich unter fließendem Wasser entladen.

Bindegewebsschwäche Rauchquarz tragen, auch als Handschmeichler bei sich führen.

Blähungen Jeden Abend vor dem Einschlafen eine Pyritsonne oder einen Citrin 20 Minuten auf den Solarplexus legen, zugleich rotbraunen Jaspis auf das Milzchakra legen.

Bei Plinius heißt es: »Wenn die Augen geschwächt sind, so werden sie durch das Betrachten des Smaragds wieder gestärkt; des Steines sanftes Grün vertreibt die Mattigkeit.«

Blasenentzündung Akut: täglich zwei Liter Nephritwasser trinken. Chronisch: Heliotrop tragen und auf die Blase legen.

Blutdruck Hypertonie (zu hoch): Sodalith tragen und vor dem Einschlafen eine Viertelstunde auf das sechste Chakra legen. Lapislazulischmuck tragen, auch Chrysopras hilft. Hypotonie (zu niedrig): Amethyst und Rubin tragen. Vorsicht: Hypotoniker sollten nie Lapislazuli tragen!

Blutungen Hämatit, Bergkristall, Jade und Topas tragen. Bei Magenblutungen: Spinellwasser trinken und abends einen Spinell auflegen.

Blutzucker, erhöhter Regelmäßig abends und morgens rotbraunen Jaspis eine Viertelstunde auf die Bauchspeicheldrüse legen, anschließend den Stein über Nacht in ein Glas Wasser einlegen und dies morgens nüchtern trinken.

Bronchitis Bernstein tragen und abends eine Pyritsonne auf dem Brustbein auflegen (vor allem bei chronischer Bronchitis). Als Schmuck Tigerauge tragen.

Colitis ulcerosa und Morbus Crohn Rotbraunen Jaspis in jeder Form: als Schmuck tragen, möglichst nach jeder Mahlzeit auflegen und morgens als Wasser trinken.

Depressionen Lapislazulischmuck tragen. Kunzit, Tigerauge und Türkis (nicht zu klein) helfen als Handschmeichler. Gegen Wechseljahredepressionen ist grüner Turmalin hilfreich. Turmalinkette tragen, Amazonit auf das Herzchakra auflegen oder/und als Amulett tragen.

Diabetes Jeden Abend Citrin oder Pyritsonne eine halbe Stunde auf das Sonnengeflecht legen, gleichzeitig Moosachat oder Moosopal auf die Bauchspeicheldrüse auflegen.

Drüsenfunktion Zum Anregen und Stabilisieren Chrysopras und Sodalith tragen, Jade als Handschmeichler und Jadewasser trinken (täglich morgens).

Durchblutungsstörungen Bernstein, Turmalin und Granat wahlweise tragen.

Durchfall Mehrmals täglich Beryllwasser trinken.

Bei länger anhaltenden oder schweren Depressionen sollten Sie sich unbedingt in fachärztliche Behandlung begeben. Auch Selbstmordgedanken vertreibt man in erster Linie, indem man sich in eine geschulte Psychotherapie begibt. Begleitend kann man Citrine, am besten als kleines Kettchen, direkt auf der Haut tragen.

Entzündung Umschläge mit Spinellwasser. Auflegen eines Spinells.

Erkältung Aquamarin tragen, Pyrit auflegen.

Fieber Bernstein tragen, Achat, Chrysokoll oder Jade auflegen (Herz- und/oder Stirnchakra).

Flechte Akut: Bernstein tragen. Chronisch: einige Peridote zwei Wochen lang in Olivenöl einlegen. Die Flechten morgens und abends mit dem Öl betupfen.

Furunkel Bernstein auflegen, solange der Furunkel nicht offen ist. Auch über Nacht mit Heftpflaster aufkleben.

Gallenblasenreizung, -entzündung, -kolik Rotbraunen Jaspis mehrmals täglich auflegen; wenn er nicht zur Hand ist, geht auch Rosenquarz, geschliffen und ungeschliffen.

Gastritis Pyritsonne oder rotbraunen Jaspis nach dem Essen eine Viertelstunde auflegen, ist das nicht möglich, dann ein Amulett an langem Lederband auf dem Magen tragen.

Gedächtnis, mangelndes Regelmäßig Granatschmuck tragen. Er fordert und fördert das Erinnerungsvermögen.

Gicht Bernstein und/oder Türkis tragen, außerdem morgens nüchtern Diamant- oder Topaswasser trinken. Den Diamant mindestens zwölf Stunden im Wasser ruhen lassen.

Gleichgewichtsstörungen Der Gleichgewichtssinn wird durch das Tragen von Turmalin, Achat, Smaragd gestärkt.

Gürtelrose Rosenquarz tragen und Bernstein morgens und abends auflegen.

Halsbeschwerden Heiserkeit: mit Chalcedonwasser gurgeln. Entzündung: Kette aus Türkis, Lapislazuli oder Chrysokoll tragen.

Hämorrhoiden Dreimal täglich Hämatitwasser trinken (Hämatitkette zwölf Stunden im Wasser ruhen lassen).

Haut (→ auch Akne) Specksteinpaste reinigt; Moosachatwasser entspannt; Aventurin und Rhodochrosit durchbluten und regenerieren, Onyx macht die Haut geschmeidig (muss allerdings sehr lange getragen werden).

Nicht nur bei körperlichen Beschwerden, sondern auch was die geistige Leistungsfähigkeit betrifft, können Steine helfen. So wie Granat die Gedächtnisleistung steigert, so fördert Amethyst die Fähigkeit, klar zu denken. Kopfarbeitern wird deshalb geraten, jeden Morgen ein Glas Amethystwasser nüchtern zu trinken.

Heimweh und Trennung Überwindet man leichter mit Hilfe eines Berylls.

Hemiplegie Bei dieser halbseitigen Lähmung – meist nach einem Schlaganfall – sollte neben schulmedizinischer Behandlung sofort und für längere Zeit eine Turmalinkette direkt auf der Haut getragen werden, die zur Nacht von einer Bernsteinkette abgelöst werden soll (beide kurz, klein und flach, so dass sie nicht störend wirken).

Hepatitis Rotbrauner Jaspis, Pyritsonne, beide sowohl als Handschmeichler als auch zum Auflegen.

Herzbeschwerden Beginnende und ausstrahlende Schmerzen: Heliotrop und Malachit. Infarkt: Olivin- oder grüne Turmalinkette tragen, Rosenquarzstück neben dem Bett nachts auf den Boden legen (einmal wöchentlich unter fließendem Wasser entladen). Rhythmusstörungen: Opal tragen. Insuffizienz: Amazonit, Bernstein, Chrysopras, Dioptas, Granat, Olivin.

Heuschnupfen Ab Januar bis Ende Juli eine Bernsteinkette tragen.

Hexenschuss Ein Stück flachen Bernstein oder eine kleine flache Kette mit Heftpflaster aufkleben.

Husten → Bronchitis.

Hypertonie und Hypotonie → Blutdruck.

Immunsystem → Abwehrkraft.

Impotenz Regelmäßig jeden Abend 20 Minuten lang einen Naturrubin, roten Jaspis, Granat oder Rhodinit auf das Wurzelchakra auflegen.

Ischiasbeschwerden Behandlung wie → Hexenschuss. Steine dort aufkleben, wo der Ischiasnerv aus der Wirbelsäule tritt.

Kinderwunsch, unerfüllter Wenn kein organischer Schaden vorliegt, hilft der Frau eine Kette, gemischt aus Jade, rotem Jaspis, Mondstein, Rauchquarz und Rosenquarz. Die Kette über Nacht in ein Wasserglas legen. Das Wasser sollte von beiden Partnern morgens nüchtern getrunken werden.

Hexenschuss, Ischiasbeschwerden, Rückenschmerzen sind meist sehr schmerzhaft. Greifen Sie nicht sofort zur Schmerztablette, denn auch mit Bernstein können Sie die Schmerzen lindern.

Knochen Zum Aufbau für Kinder: Chrysokoll. Gegen Osteoporose: Korallen. Gegen Schmerzen: Labradorit. Allgemein stabilisierend: Apatit, Rauchquarz, Bernstein.

Kopfschmerzen Ausgezeichnete Erfolge erzielt man mit einer Bernsteinkette. Schmerzlindernd wirken auch Amazonit, Amethyst, Falkenauge, Lapislazuli, Perlen, Rosenquarz, Smaragd, Tigerauge.

Krampfadern Ein Beinband (nicht zu eng) aus flachem Bernstein, Hämatit und Chalcedon tragen; Hämatitwasser trinken. Bei Schmerzen Hämatit auflegen (Beine hochlegen).

Krämpfe Zoisitwasser trinken. Zoisit auflegen und als Handschmeichler tragen.

Krebs Kette aus kleinen schwarzen oder gemischten Turmalinen tragen und stets einen Handschmeichler aus Sugilith mitführen. Bei einer Familiendisposition zu Krebs empfiehlt es sich, viel Lapislazulischmuck zu tragen.

Kreislaufschwäche Eine stabilisierende Wirkung haben Carneol, Hämatit, Rhodochrosit.

Leberleiden Rotbrauner Jaspis und Rosenquarz eignen sich als Handschmeichler. Zum Auflegen: Edeltopas, Citrin, Tigerauge, Moosopal, Unakit und – wie so oft – Bernstein.

Lungenbeschwerden Stärkend: Olivin, Pyrit und Rhodonit. Gegen Lungenentzündung: Türkis tragen und auflegen. Türkiswasser trinken.

Lymphsystemerkrankungen Sowohl gegen Lymphknotenschwellung als auch zur Anregung des Lymphsystems sollte Aquamarin getragen oder aufgelegt werden.

Magen-Darm-Beschwerden Zur Funktionsregulierung: Beryll. Gegen Entzündung: Pyritsonne auflegen, rotbraunen Jaspis auflegen und tragen. Ein Glas Moosopal- oder Carneolwasser über den Tag verteilt trinken. Gegen Geschwüre: rotbraunen Jaspis in jeder Form; Edeltopas tragen.

Mandelentzündung Bernstein tragen oder/und auflegen; bei chronisch wiederkehrender Mandelentzündung eine

Eine positive Lebenseinstellung hilft nicht nur Krankheiten und Beschwerden leichter zu ertragen, sondern oft auch diese zu überwinden. Bei fehlender Lebensfreude helfen Bernstein und Hämatit; Chrysoberyll dämmt Pessimismus ein.

Kette aus kleinen Chalcedon, Türkis, Sodalith, Aquamarin und blauem Topas über längere Zeit tragen.

Menstruationsbeschwerden Mehrmals täglich Pyrit 20 Minuten lang auf den Unterbauch auflegen. Zur Stabilisierung des Hormonhaushalts Perlen und Mondstein tragen; sehr gut bewährt hat sich, ein flaches Malachitstück während der »Tage« eine Hand breit unter dem Nabel aufzukleben.

Migräne Der bewährteste Stein gegen chronisch wiederkehrende Migräne ist Bernstein, den man über längere Zeit andauernd tragen sollte (am besten eine flache, kurze Kette, die auch nachts nicht stört, direkt auf der Haut).

Bei stressbedingter Migräne in Ruhe mit Rhodochrosit oder Tigerauge die Schläfen leicht kreisend sanft massieren. Zum Auflegen eignen sich Bergkristall, Amethyst und Sugilith.

Muskeln Schwäche: Rauchquarz und schwarzer Turmalin. Gegen Entzündung: Bernstein (eventuell mit Heftpflaster aufkleben), Obsidian.

Multiple Sklerose Es wurde mehrfach bestätigt, dass das Tragen einer Turmalinkette – wie bei Krebs und AIDS – das Fortschreiten der Krankheit deutlich verlangsamt oder zum Stillstand bringt.

Myome Carneol und/oder schwarzen Turmalin auflegen, außerdem einen Sarder über längere Zeit aufkleben.

Nervenprobleme Nervosität: Citrin, Pyrit und Pyritsonne, Saphir, alle Topase, Moosachat und Moosopal; Iolith als Handschmeichler. Nervenentzündung: Bernsteinkette mit Turmalinen dazwischen tragen; Sodalith als Handschmeichler.

Nieren Bei allen Nierenproblemen sollte viel Jade getragen werden. Über Nacht die Jadekette, zusammen mit Hämatit, in Wasser einlegen und dies am nächsten Morgen nüchtern trinken; alternativ zu Jade: Nephrit tragen.

Ohrenbeschwerden Bei beginnender Schwerhörigkeit morgens und abends Onyx oder schwarzen Turmalin je eine Viertelstunde auflegen. Bei Ohrensausen (Tinnitus) schwarzen Turmalin einen halben Tag hinter dem Ohr mit Heftpflaster befestigen; wenn nach zehn Tagen keine Besserung eintritt, ist auch nichts zu erreichen.

Pankreaserkrankungen (Bauchspeicheldrüse) Rotbraunen Jaspis oder Pyritsonne auflegen, Rauchquarz tragen, Tigeraugewasser trinken.

Parkinsonkrankheit Eine Turmalinkette ununterbrochen zu tragen, ist zumindest einen Versuch wert.

Phobien Rhodonit lindert die Ängste.

Prellungen Mit Amethyst bestreichen oder eine Amethystscheibe aufkleben.

Psoriasis (Schuppenflechte) Zwei Wochen lang einige kleine Olivine in Olivenöl einlegen und die befallenen Stellen regelmäßig morgens und abends damit betupfen; außerdem Bernstein tragen.

Reisefieber Zwei Tage vor Abfahrt einen Beryll tragen. Während der Reise dann am besten einen Cyanit als Handschmeichler bei sich tragen.

Reizbarkeit Goldtopas besänftigt.

Rheumatische Erkrankungen Zweimal wöchentlich je eine Viertelstunde heiß in Saphirwasser baden. Außerdem Bernstein- und Türkisschmuck tragen (als Kette und Armband); Labradorit und Sarder eignen sich zum Auflegen.

Schilddrüse Alle hellblauen Steine wirken ausgleichend auf die Schilddrüse, vor allem anregend, aber auch beruhigend, also: Chalcedon, Aquamarin, heller Lapislazuli, Sodalith, blauer Topas, Cordierit.

Schlafstörungen Beste Erfolge erzielt man – vor allem bei unruhigen Kindern –, wenn ein mindestens faustgroßer ungeschliffener Rosenquarz etwa 80 Zentimeter neben dem Bett auf den Boden gelegt und jede Woche einmal entladen wird. Eine kleine, eng am Hals anliegende Hämatitkette, über Nacht getragen, entspannt und lässt ruhig durchschlafen. Auch Amethyst wirkt schlaffördernd.

Schmerzen Schmerzlösend wirken Aventurin, Dioptas und Kunzit; Rosenquarz hilft gegen Schmerz, der durch Strahlung (PC) entstanden ist.

Schlafstörungen sind oft die Folge innerer Unruhe. Hier kann Amazonit oder Prasem als Amulett und Labradorit als Handschmeichler helfen. Amethyst und Aquamarin sollten getragen, Pyritsonne auf den Solarplexus aufgelegt werden. Saphirschmuck gilt allgemein als beruhigend.

Schwangerschaftsbeschwerden Malachit und Carneol sollten während der ganzen Schwangerschaft getragen werden. Achat und Heliotrop helfen bei tageweisem Unwohlsein.

Sodbrennen Silberschmuck und/oder Türkiskette tragen, Pyritsonne auflegen, Türkiswasser trinken.

Stimmbänder, Sprachstörungen Chalcedon tragen, eventuell auch blauen Topas oder Aquamarin.

Stoffwechselstörungen Bernstein stabilisiert, Citrin wirkt anregend; bewährt haben sich auch: Rhodochrosit, Pyritsonne, Topas, Zoisit, Moosachat und Opal.

Stottern Über einen langen Zeitraum stets einen Handschmeichler aus Pyrit bei sich tragen.

Stresssymptome Vermindert Chrysokollschmuck; in akuten Stresssituationen sollte eine Pyritsonne 20 Minuten auf das Sonnengeflecht gelegt werden.

Tumor Ein aufgeklebter Sarder soll – zumindest im Anfangsstadium – das Wachstum zum Stillstand bringen.

Übergewicht Jeden Morgen nüchtern ein Glas Wasser trinken, in dem über Nacht brauner Jaspis geruht hat. Den Stein tagsüber in der Sonne aufladen.

Verbrennungen Sofort Chrysokoll auflegen. Gegen Brandblasen: sofort Bergkristall oder Carneol auflegen.

Verstopfung Jeden Morgen nüchtern ein Glas Wasser trinken, in dem über Nacht brauner Jaspis lag; Beryll, Opal, Topas tragen, Carneol auflegen.

Wechseljahrebeschwerden Jeden Morgen Wasser aus gelbem Jaspis trinken; Koralle oder Mondstein mit blauem Turmalin tragen; Pyritsonne vor dem Einschlafen – mindestens eine halbe Stunde – auf das Sonnengeflecht auflegen.

Zähne Bei Neigung zu Entzündungen regelmäßig mit Bernsteinwasser spülen und den Bernstein in der Sonne wieder aufladen.

Zysten Schwarzen Turmalin auflegen und/oder Carneol über Nacht mit Heftpflaster aufkleben.

Wer unnötig stark oder sogar panisch auf Stress reagiert, dem hilft Rauchquarz oder eine kleine Bergkristallkette direkt auf der Haut getragen. Roten Jaspis oder Pyritsonne 20 Minuten auf das Sonnengeflecht auflegen entspannt.

Die gebräuchlichsten Heilsteine und ihre Anwendungsgebiete

Achat Kopfschmerz, Schwindel, fiebrige Infektionen, Hautkrankheiten; ermüdete Augen

Aquamarin Angina, Erkältung, geschwollene Lymphknoten, Mandelentzündung, Schilddrüsenstörung, Sprachstörungen, Unruhe

Bergkristall Grüner/grauer Star, Bandscheibenbeschwerden, Blutungen, Migräne, Verbrennungen

Bernstein Abszess, Allergie, Abwehrschwäche, Asthma, Bronchitis, Durchblutungsstörungen, Fieber, Furunkel, Gicht, Herzschwäche, Heuschnupfen, Hexenschuss, Ischiasbeschwerden, Kopfschmerz, Migräne, Nervenentzündung, rheumatische Erkrankungen, Stoffwechselstörung, Stress, Zahnfleischentzündung

Beryll Durchfall, Magen-Darm-Beschwerden, Augenleiden, Angina, Stress

Chrysoberyll Schärft die Sehkraft, hilft bei Schielen, Augenentzündungen; Bauchschmerzen (Chrysoberyllwasser); Leberbeschwerden, Nervosität, Alpträume

Falkenauge Kurzsichtigkeit, Augenentzündungen, Augenstörungen jeder Art; Kopfschmerzen, Migräne

Granat Durchblutungsstörungen, Herzschwäche, Impotenz, gestörte Sexualität

Hämatit Hämorrhoidalleiden, Krampfadern, Kreislaufschwäche, Nierenerkrankung, Schlafstörungen

Heliotrop Blasenentzündung; Herzschmerzen, Herzrhythmusstörungen, Durchblutungsstörungen der Herzkranzgefäße; Leber-, Nieren-, Milzbeschwerden, Lungenerkrankungen; Infektionskrankheiten

Jade Blutungen, Fieber, unerfüllter Kinderwunsch, Nierenerkrankung

Jaspis Übergewicht, Verstopfung, Wechseljahrebeschwerden; Blähungen, Gallenbeschwerden, Gastritis, Hepatitis, Leberbeschwerden, Magen-Darm-Störungen, Magengeschwür, Verdauungsstörungen, Zuckerkrankheit

Karneol Bauchschmerzen, Eierstockentzündung, Kreislaufschwäche, Menstruationsbeschwerden, Schwangerschaftsbeschwerden, Verstopfung, Zysten; im Allgemeinen wirksam bei Unterleibsbeschwerden

Koralle Knochenbrüchigkeit (Osteoporose); Wachstum und Aufbau jeder Art; Blutkrankheiten, Kreislaufbeschwerden

Pyrit Blähungen, Erkältung, Gastritis, Menstruationsbeschwerden, Nervosität, Sodbrennen, Stoffwechselstörung, Stress, Unruhe, Wechseljahrebeschwerden, Zuckerkrankheit

Rosenquarz Abszess, Alpträume, müde Beine, Bettnässen, Gallenblasenbeschwerdenbeschwerden, Kopfschmerz, Schlafstörung

Speckstein Akne, Hautunreinheiten, Hauterkrankungen

Tigerauge Asthma, entzündete Bauchspeicheldrüse, Bronchitis, Kopfschmerz, Leberleiden, Migräne

Topas Gicht, Leberleiden, Magengeschwür, Mandelentzündung, Nervosität, Sprachstörungen, Verstopfung

Türkis Hals-, Mandel-, Lungenentzündung, rheumatische Erkrankungen, Sodbrennen

ÜBER DIE AUTORIN

Gisela Schreiber, geboren 1956 in Berlin, ist Medizinjournalistin, verheiratet, hat zwei Kinder und lebt in Hamburg. Als Journalistin arbeitete sie im Ostblock und in Südamerika. Sie suchte bei diesen Gelegenheiten immer wieder den Kontakt zur Naturmedizin fremder Kulturen. Gisela Schreiber veröffentlichte zahlreiche Bücher und ist regelmäßig für große Illustrierte und Publikumszeitschriften tätig.

LITERATUR

Franzen, Susanne/Müller, Rudolf: Vital und gesund durch Farben und Edelsteine. Südwest Verlag, München 1994
Labacher, Julia: Heilsteine. Südwest Verlag. 9 . Auflage, München 2000
Peschek-Böhmer, Dr. Flora: Heilung durch die Kraft der Steine. Südwest Verlag. 10. Auflage, München 2000
Sharamon, Shalila/Baginski, Bodo: Das Chakra-Heilbuch. Windpferd Verlagsgesellschaft. Aitrang 1988

BILDNACHWEIS

André Fichte, Hamburg: 99;
Archiv LAPIS im Christian Weise-Verlag, München: 44, 72, 79;
Dr. Hochleitner, München: 29, 31, 32, 33, 36, 41, 42, 43, 45, 46, 47, 50, 51, 53, 54, 55, 57, 63, 64, 69, 70, 73, 76, 78, 80, 81, 88, 90, 98, 104, 106, 111, 112, 113, 115; Gettyone Stone, München: 2-3 (Jack Dykinga), 6-7 (Wilfried Krecichwost), 26-27 (Joe Cornish), 116-117 (H. Richard Johnston); Südwest Verlag, München: 1 (Rainer Hofmann), Titel, 28, 30, 34, 35, 37, 38, 40, 48, 49, 52, 56, 58, 59, 60, 62, 65, 66, 68, 71, 74, 75, 77, 82, 83, 84, 85, 86, 87, 89, 91, 92, 93, 94, 95, 97, 100, 101, 102, 103, 105, 107, 108, 109, 110, 114 (Siegfried Sperl)

HINWEIS

Das vorliegende Buch ist sorgfältig erarbeitet worden. Dennoch erfolgen alle Angaben ohne Gewähr. Weder Autorin noch Verlag können für eventuelle Nachteile oder Schäden, die aus den im Buch gemachten praktischen Hinweisen resultieren, eine Haftung übernehmen.

IMPRESSUM

Der Südwest Verlag ist ein Unternehmen der Econ Ullstein List Verlag GmbH & Co. KG München.
© 2001 Econ Ullstein List Verlag GmbH & Co. KG München

Redaktion:
Christian Hilt
Projektleitung:
Dr. Brunex Zatellka
Redaktionsleitung:
Dr. Waltraud Lessing
Bildredaktion:
A. Thomas Birkenholz
Produktion:
M. Metzger (Leitung), A. Aatz
Umschlag:
Matthias Liesendahl , München
Layout:
Dr. Alex Klubertanz/ Matthias Liesendahl
DTP:
Matthias Liesendahl

Printed in Italy
Gedruckt auf chlor- und säurearmem Papier

ISBN 3-517-08142-6